vidas rebeldes **rosa luxemburgo** vidas rebeldes **rosa luxemburgo**

otras **vidas rebeldes** en esta serie:

Antonio Gramsci
Albert Einstein
Haydée Santamaría
Sacco y Vanzetti

vidas rebeldes es una nueva colección que pone a disposición del lector la historia de personalidades del pensamiento y las luchas radicales, a los que se ha tratado de mantener en el olvido u ocultar por la derecha. En los títulos de **vidas rebeldes** podrán encontrar una cuidadosa selección de escritos y trabajos elaborados por estos hombres y mujeres. Además, el rescate de sus historias a través de escritos sobre ellos, para de esta forma entregar a la nueva generación de luchadores sociales, las ideas y la memoria histórica de la vida de estos eternos combatientes.

rosa luxemburgo

editado por Néstor Kohan

Ocean Press
Melbourne ■ Nueva York ■ La Habana
www.oceanbooks.com.au

vidas rebeldes

ISBN 10: 1-920888-60-8
ISBN 13: 978-1-920888-60-2
Library of Congress Catalog No: 2005935821
Primera impresión 2006

PUBLICADO POR OCEAN PRESS

Australia: GPO Box 3279, Melbourne, Victoria 3001, Australia
Fax: (61-3) 9329 5040 Tel: (61-3) 9326 4280
E-mail: info@oceanbooks.com.au

EE.UU: PO Box 1186, Old Chelsea Stn., New York, NY 10113-1186, USA

Cuba: Calle 7, No. 33610, Tarará, La Habana
E-mail: oceanhav@enet.cu

DISTRIBUIDORES DE OCEAN PRESS

EE.UU y Canadá: **Consortium Book Sales and Distribution**
Tel: 1-800-283-3572   www.cbsd.com

Australia y Nueva Zelanda: **Palgrave Macmillan**
E-mail: customer.service@macmillan.com.au

Gran Bretaña y Europa: **Turnaround Publisher Services**
E-mail: orders@turnaround-uk.com

Cuba y América Latina: **Ocean Press**
E-mail: oceanhav@enet.cu

info@oceanbooks.com.au
www.oceanbooks.com.au

índice

Segunda Parte: Recuerdos y evaluaciones sobre Rosa Luxemburgo

introducción:
Rosa Luxemburgo y las armas morales del socialismo

"La revolución es magnífica... Todo lo demás es un disparate."
— Carta de Rosa Luxemburgo a Emmanuel y Matilde Wurm
(18 de julio de 1906)

"El socialismo no es, precisamente, un problema de cuchillo y tenedor, sino un movimiento de cultura, una grande y poderosa concepción del mundo."
— Carta de Rosa Luxemburgo a Franz Mehring
(Febrero de 1916)

¿Por qué Rosa Luxemburgo hoy?

Cuando ya nadie se acuerda de los viejos jerarcas de la socialdemocracia europea del siglo XIX, el pensamiento de Rosa Luxemburgo [1871-1919] continúa generando polémicas. Su espíritu insumiso y rebelde asoma la cabeza —cubierta por un elegante sombrero, por supuesto— en cada manifestación juvenil contra la mundialización de los mercados y la dominación capitalista.

El nombre de Rosa, amada y admirada por los jóvenes más radicales y combativos de todas partes del mundo, sigue siendo en el siglo XXI sinónimo de rebelión y revolución. Esos dos fantasmas traviesos que "el nuevo orden mundial" no ha podido domesticar. Ni con tanques e invasiones militares ni con la dictadura de la TV. Actualmente, su memoria descoloca y desafía la triste mansedumbre que propagandizan los mediocres con poder.

El simple recuerdo de su figura provoca una incomodidad insoportable en aquellos que intentan emparchar y remendar los "excesos" del capitalismo... para que funcione mejor. Cuando los desinflados y arrepentidos de la revolución entonan antiguos cantos de sirena, disfrazados hoy con el ropaje de la "tercera vía" o el "capitalismo con rostro humano", la herencia insepulta de Rosa resulta un antídoto formidable. Sus demoledoras críticas al reformismo —que ella estigmatizó sin piedad en *Reforma o revolución* y en *La crisis de la socialdemocracia*— no dejan títere con cabeza. Constituyen, seguramente, uno de los elementos más perdurables de sus reflexiones teóricas.

Volver a respirar el aire fresco de sus escritos permite admirar la inmensa estatura ética con que ella entendió, pregonó, militó y vivió la causa mundial del socialismo. Una ética incorruptible, que no se deja comprar ni poner precio alguno. Una ética que levanta su dedo acusador contra la corrupción con que el neoliberalismo asfixió al mundo durante el último cuarto de siglo.

Además de refutar y combatir apasionadamente al reformismo en todas sus vertientes, Rosa también fue una dura impugnadora del socialismo autoritario. En un folleto sobre la naciente revolución rusa que ella escribió en prisión, durante 1918, hundió el escalpelo en los potenciales peligros que entrañaba cualquier tipo de tentación de separar el ejercicio del poder soviético de la democracia obrera y socialista.

Ante la crisis terminal y el bochornoso derrumbe de la burocracia soviética —que dilapidó el inmenso océano de energías revolucionarias generosamente brindado por el pueblo soviético, tanto en 1917 y en la guerra civil como en su heroica victoria sobre el nazismo— aquellas premonitorias advertencias de Rosa merecen ser repensadas seriamente.

Rosa Luxemburgo, una mujer revolucionaria

"Su energía impetuosa y siempre en vilo aguijoneaba a los que
estaban cansados y abatidos, su audacia intrépida y su entrega
hacían sonrojar a los timoratos y a los miedosos. El espíritu
atrevido, el corazón ardiente y la firme voluntad de la "pequeña"
Rosa eran el motor de la rebelión ."
– Clara Zetkin

¡Qué difícil debe haber sido en su tiempo ser mujer y participar en política! Sin embargo, violentando la mediocridad patriarcalista de su época, Rosa Luxemburgo se convirtió en una de las principales dirigentes y teóricas del socialismo... ¡a nivel mundial! No sólo combatió el machismo de la sociedad capitalista sino que también puso en duda las jerarquías y relaciones de poder —de género, de edad, de nacionalidad— que impregnaban y manchaban al socialismo europeo de aquellos años.

Judía y polaca (dos palabras malditas para la cultura alemana...), ya de muy joven se metió de lleno en el Partido Socialdemócrata Alemán. No sólo publicó artículos en su prensa y libros sino que fue una de las principales instructoras de las escuelas políticas del partido (principalmente en temas económicos).

A poco de transitar, entró en colisión con los principales ideólogos de esta organización: Eduard Bernstein [1850-1932], cabeza del "socialismo revisionista", y Karl Johann Kautsky [1854-1938], líder del llamado "marxismo ortodoxo". Con diversos argumentos, los dos se oponían a los cambios sociales radicales y revolucionarios. Al igual que Lenin, Rosa polemiza con ambos. Primero chocará con Bernstein, en 1898, y luego con Kautsky, en 1910.

Pero ella no estuvo sola. Mientras polemizaba con los jefes de la burocracia parlamentaria del partido socialdemócrata alemán (SPD) y sus principales ideólogos, trababa estrecha amistad con Franz Mehring [1846-1919], el célebre biógrafo de Carlos Marx. También con Karl Liebknecht [1871-1919] y Clara Zetkin [1857-1933], sus dos grandes compañeros de lucha.

Cuando en 1905 se produjo la primera revolución rusa, ella intentó extraer todas las consecuencias teóricas para el mundo occidental. Más tarde, Rosa saludó la revolución bolchevique de 1917 de manera entusiasta. Allí veía realizado el gran sueño de liberación de los oprimidos. Pero su defensa de los bolcheviques no fue acrítica. Mientras apoyaba, polemizó con Lenin. Lo hizo antes y también después del triunfo revolucionario. Éste último, en febrero de 1922, llegó a decir de ella que "Suele suceder que las águilas vuelen más bajo que las gallinas, pero una gallina jamás puede remontar vuelo como un águila. Rosa Luxemburgo se equivocó [...] pero, a pesar de sus errores, fue —y para nosotros sigue siendo— un águila [...] en el patio de atrás del movimiento obrero, entre los montones de estiércol, las gallinas tipo Paul Levi, Scheidemann y Kautsky cacarean en torno a los errores de la gran comunista. Cada uno hace lo que puede".

La vida de Rosa no fue fácil. Estuvo varias veces en prisión. En una de las más extensas, la burguesía la mantuvo en cautiverio hasta fines de 1918. Cuando salió, se puso a la cabeza de la Liga Espartaco, que luego se transformó en el naciente Partido Comunista Alemán (PCA).

Al dirigir el levantamiento de los trabajadores insurrectos, Rosa Luxemburgo se ganó el odio de la derecha alemana. Pero no sólo de la derecha... también de los socialdemócratas, hasta pocos años antes, sus antiguos compañeros.

La vida de Rosa fue apasionante. Rompió con los moldes trillados. Nunca aceptó bajar la cabeza. Se rebeló y, confiando en su propia personalidad, entregó lo mejor de sus energías a la noble causa de la clase trabajadora, de los explotados y las oprimidas del mundo.

El reformismo oportunista, la enfermedad senil del socialismo

> *"No se puede arrojar contra los obreros insulto más grosero ni calumnia más indigna que la frase 'las polémicas teóricas son sólo para los académicos'".*
>
> *— Rosa Luxemburgo:* Reforma o revolución

Desde que surgieron las protestas obreras contra la sociedad capitalista, dos corrientes convivieron en el seno del campo popular.

Una primera tendencia, conocida como "reformismo", cree que el capitalismo se puede ir mejorando de a poco. Reforma tras reforma, los trabajadores podrían ir avanzando lentamente hacia una mejor sociedad. Esta última iría cambiando según un patrón lineal: la evolución, de lo peor a lo mejor. En sus comienzos históricos esta tendencia sostenía que la evolución pacífica y gradual del capitalismo conduciría a una sociedad más racional, el socialismo. El tránsito entre el capitalismo y el socialismo debería realizarse paulatinamente. Hoy en día esta ideología se ha ido modificando. Ya no cree que al final de la marcha evolutiva y pacífica de la sociedad nos espera el socialismo. Sus partidarios se conforman tan sólo con lograr reformas dentro mismo del orden capitalista. Tanto el reformismo de ayer como el de hoy comparten una misma conducta oportunista. Ambos desprecian la teoría y los principios; creen que hay que caminar mirando sólo la punta de los pies sin intentar, jamás, levantar la vista para abarcar un horizonte más amplio que el del día a día.

La segunda tendencia, de carácter revolucionaria, realiza

críticas radicales contra el capitalismo. A diferencia del reformismo, aspira a cambiar de raíz la sociedad para acabar no sólo con "los excesos" sino con la explotación y la dominación mismas. Este vertiente le otorga a la teoría una importancia central, pues nos permite elaborar planes de acción que no se limitan al orden establecido y "normal".

Desde su primera juventud hasta su asesinato, Rosa Luxemburgo fue una de las más brillantes representantes de esta segunda corriente y una aguda polémica de la primera. Todos sus escritos, sean de los temas que sean, sólo se pueden comprender a partir de esta perspectiva.

Crítica de la "civilización" capitalista

Cuando Rosa termina de cortar sus vínculos con la tradición determinista "ortodoxa" de la II Internacional formula una consigna famosa, que hoy tiene absoluta actualidad: "Socialismo o barbarie". Ésta última resume seguramente lo más explosivo de su herencia y lo más sugerente de su mensaje para el socialismo del siglo XXI.

Inserta en su "folleto de Junius" (*La crisis de la socialdemocracia*, 1915), esa consigna resulta superadora del determinismo fatalista y economicista asentado en el desarrollo imparablemente ascendente de las fuerzas productivas. Según el fatalismo determinista, durante décadas considerado la versión "ortodoxa" del marxismo, la sociedad humana marcharía de manera necesaria, ineluctable e indefectible hacia el socialismo. La subjetividad histórica y la lucha de clases no jugarían ningún papel. A lo sumo, podrían acelerar o retrasar ese ascenso de progreso lineal, "final feliz" asegurado de antemano.

Pero Rosa rompe con ese dogma y plantea que la historia humana tiene un final abierto, no predeterminado por el progreso de las fuerzas productivas (ese viejo grito moderno del más antiguo "¡Dios lo quiere!", tal como irónicamente afirmaba Gramsci). Por lo tanto, el futuro sólo puede ser resuelto por el resultado de la lucha de clases. Podemos ir hacia una sociedad desalienada y una convivencia más humana, el socialismo; o podemos continuar hundiéndonos en la barbarie, el capitalismo.

Cuando hoy hablamos de "barbarie" estamos pensando en la barbarie moderna, es decir, la civilización globalizada del capitalismo. Nunca hubo más barbarie que durante el capitalismo moderno. Como ejemplos contundentes pueden recordarse el nazismo alemán con sus fábricas industriales de muerte en serie; el apartheid sudafricano —régimen político insertado de lleno en la modernidad blanca, europea y occidental— o los regímenes militares de contrainsurgencia de Argentina y Chile, que realizaron durante la década del '70 un genocidio burocrática y racionalmente planificado aplicando torturas científicas.

Mucho antes de que todo esto sucediera, Rosa había advertido y alertado que capitalismo "civilizado" = barbarie.

Rosa y su visión de la revolución bolchevique

Su célebre folleto crítico sobre la revolución rusa fue publicado póstumamente con intenciones polémicas por Paul Levi —un miembro de la Liga Espartaco y del Partido Comunista alemán (KPD), luego disidente y reafiliado al Partido Socialdemócrata (SPD)—. Cabe agregar que Rosa cambió de opinión sobre su propio folleto al salir de la cárcel y participar ella misma de la revolución alemana. Sin embargo, aquel escrito fue utilizado para intentar oponer a Rosa frente a la revolución rusa y contra Lenin (de la misma manera que luego se repitió ese operativo enfrentando a Gramsci contra Lenin o al Che Guevara contra la revolución cubana). Se quiso de ese modo construir un luxemburgoismo descolorido y "potable" para la dominación burguesa.

Al resumir sus posiciones críticas hacia la dirección bolchevique, cuya perspectiva revolucionaria general compartía íntimamente, Rosa se centró en tres ejes problemáticos. Les cuestionó la catalogación del carácter de la revolución, su concepción del problema de las "guerras nacionales" y la compleja tensión entre democracia socialista y dictadura proletaria.

Si bien es cierto que aquel escrito adolece de varias equivocaciones —como agudamente señaló György Lukács en su clásico Historia y conciencia de clase (1923)—, también resulta insoslayable que Rosa acertó al señalar algunos agujeros vacíos cuya supervivencia a lo largo del siglo XX generó no pocos dolores de cabeza a los partidarios del socialismo.

Rosa sí tuvo razón cuando sostuvo que sin una amplia democracia socialista —base de la vida política creciente de las masas trabajadoras— sólo resta la consolidación de una burocracia. Según sus propias palabras, si este fenómeno no se puede evitar, entonces "la vida se extingue, se torna aparente y lo único activo que queda es la burocracia". En el caso del socialismo europeo la historia le dio, lamentablemente, la razón.

La necesaria vinculación entre socialismo y democracia política y los riesgos de eternizar y tomar como norma universal lo que era en realidad producto histórico de una situación particular, es decir, el peligro de hacer de necesidad virtud en el período de transición al socialismo, constituye uno de los ejes de su pensamiento que probablemente más haya resistido el paso del tiempo.

Rosa y la filosofía política marxista

Si la pregunta básica de la filosofía política clásica de la modernidad se interroga por las condiciones de la obediencia al soberano, el conjunto de preguntas del marxismo apuntan exactamente a su contrario. Desde este último ángulo lo central reside en las condiciones que legitiman no la obediencia sino la insurgencia y la rebelión; no la soberanía que corona al poder institucionalizado sino la que justifica el ejercicio pleno del poder popular. Antes, durante y después de la toma del poder.

Allí, en ese terreno nuevo que permanecía ausente en los filósofos clásicos de la teoría del derecho natural contractualista del siglo XVIII, en Hegel y en el pensamiento liberal del siglo XIX, la teoría política marxista tal como la elaboraron Luxemburgo, Lenin y Gramsci ubica el eje de su reflexión. En ese sentido, el socialismo no constituye el heredero moderno, "mejorado" y "perfeccionado" del liberalismo moderno, sino su negación antagónica.

Si hubiera entonces que situar la filiación que une la tradición política iniciada por Marx y que Rosa desarrolló en su espíritu —contradiciendo muchas veces su letra— a partir de la utilización de su misma metodología, podríamos arriesgar que el socialismo contemporáneo pertenece a la familia libertaria más radical. Es, o debería ser, el heredero privilegiado de la democracia directa teorizada por Juan Jacobo Rousseau.

Desde esta óptica —bien distinta a la de quienes legitimaron los "socialismos reales" europeos— se tornan inteligibles los presupuestos desde los cuales Luxemburgo dibujó las líneas centrales de su crítica a los peligros del socialismo burocrático.

"Desde afuera" de la economía pero desde adentro de los movimientos sociales

En cuanto a la controvertida relación entre "espontaneidad" y vanguardia, entre impulso popular espontáneo y organización revolucionaria consciente, entre lucha sindical y lucha política, entre huelga económica y huelga de masas —otro de los núcleos centrales de su pensamiento—, podemos también apreciar su apabullante actualidad.

Esta serie de interrogantes hoy reaparece con otro lenguaje y otra vestimenta. No es ya el problema de la huelga de masas —que Rosa analizó a partir de la primera revolución rusa de 1905— sino más bien el de los movimientos sociales (la subjetividad popular) y su vinculación con la política. Aquí sus escritos, releídos desde nuestras inquietudes contemporáneas, tienen mucho para decirnos y enseñarnos.

La lectura de los trabajos de Rosa seguramente nos permitirá recuperar a Lenin de otra forma, despojado ya de todo el lastre dogmático que impidió utilizar el arsenal político del gran revolucionario bolchevique. Aquel a quien Gramsci no dudó en catalogar como "el más grande teórico de la filosofía de la praxis".

A partir de una comparación entre las posiciones de Rosa y de Lenin se puede entender que cuando este último hablaba de "llevar la conciencia socialista desde afuera" al movimiento obrero no estaba defendiendo una exterioridad total frente al movimiento social "espontáneo" sino una exterioridad restringida, tomando como marco de referencia la relación entre economía y política. Esto quiere decir que el "afuera" desde el cual Lenin defendía la necesidad de organizarse en un partido político socialista remitía a un más allá de la economía. ¿"Desde afuera" de dónde? Pues desde afuera de la economía, no desde afuera de la política.

Lenin pensaba que de la lucha económica no surge automáticamente la conciencia socialista. De las reivindicaciones cotidianas no emerge una organización revolucionaria. Hay que trascender el estrecho límite de los conflictos económicos (mayor salario, vacaciones, reducción de la jornada laboral, etc.) para alcanzar un punto de vista crítico del capitalismo en su conjunto. Si el pueblo se limita a reclamar únicamente reivindicaciones puntuales, tan sólo conseguirá remendar el capitalismo, mejorarlo, embellecerlo, pero nunca acabará con el sistema.

Esto era lo que él pensaba y predicaba. Pero muchos creyeron que Lenin estaba defendiendo una política ajena a los movimientos sociales, completamente externa a las luchas cotidianas. Esta última deformación y caricatura del pensamiento de Lenin derivó en una concepción burocrática del partido encerrado en sí mismo, ciego y sordo al sentimiento y a la conciencia popular.

Ni Lenin ni Rosa —recordemos que los dos fundaron, cada uno en países distintos, organizaciones revolucionarias— creían que el partido tenía que estar mirándose su propio ombligo o predicar desde "afuera" al movimiento social. La organización de las y los revolucionarios debe ser parte inminente de los movimientos sociales (del movimiento obrero, del movimiento de mujeres, de los movimientos juveniles, etc.), nunca un "maestro" autoritario que desde afuera lleva una teoría pulcra y redonda que no se "abolla" en el ir y venir del movimiento de masas.

Entre el sentido común, la ideología "espontánea" del movimiento popular, y la reflexión científica, es decir, la ideología del intelectual colectivo, no debe haber ruptura absoluta. Cuando esta última se produce se pierde la capacidad hegemónica del partido de la clase trabajadora y crece la capacidad hegemónica del enemigo —la burguesía, los dueños del poder— que cuenta en su haber con las tradiciones de sumisión, con las instituciones del Estado y, hoy en día, con el monopolio dictatorial de los medios de comunicación de masas.

De modo que las posiciones de Rosa y de Lenin —aunque con matices distintos, ya que ella ponía mayor énfasis en los movimientos y Lenin en el partido revolucionario— en última instancia serían complementarias e integrables en función de una difícil pero no imposible dialéctica de la organización política, entendida como consecuencia y a la vez impulsora del movimiento social.

¡La hegemonía socialista se construye desde adentro de los movimientos! La conciencia de clase es fruto de una experiencia de vida, de valores sentidos y de una tradición de lucha construida que ningún manual puede llevar desde afuera pues se chocará indefectiblemente —como muchas veces ha sucedido en la historia— con un muro de silencio e incomprensión.

Socialismo marxista y teología de la liberación

Otro de los ejes donde Rosa incursionó con notable éxito fue en la relación entre socialismo y religión.

Sabido es que en la "ortodoxia" de la II Internacional —de la cual fue una clara continuación filosófica el materialismo dialéctico [DIAMAT] de la época stalinista— el marxismo era concebido como una ciencia "positiva" análoga a las naturales, cuyo modelo paradigmático era la biología.

Desde esos parámetros ideológicos no resulta casual que se intentara trazar una línea ininterrumpida de continuidad entre los pensadores burgueses ilustrados del siglo XVIII y los fundadores de la filosofía de la praxis. En ese particular contexto filosófico-político, la religión era concebida —en una lectura apresurada y unilateral del joven Marx (1843)— simplemente como el "opio del pueblo" (una expresión que Marx utilizó, pero que no tiene el sentido simplista que habitualmente se le atribuye).

Aun educada inicialmente en esa supuesta "ortodoxia" filosófica —con la cual romperá amarras alrededor de 1915— Rosa Luxemburgo se opuso a una lectura tan simplificada del materialismo histórico en torno al problema de la religión.

Ante el estallido en 1905 de la primera revolución rusa, Rosa escribió un corto folleto sobre "El socialismo y las iglesias". En él, como parte de los socialistas polacos, cuestiona el carácter reaccionario de la iglesia oficial que intentaba separar a los obreros del socialismo marxista, manteniéndolos en la mansedumbre y la explotación. Hasta allí su escrito no se diferenciaba en absoluto de cualquier otro de la época de la II Internacional.

Pero al mismo tiempo —y aquí reside lo más notable de su empeño— intenta releer la historia del cristianismo desde una óptica historicista. Así afirma que "los cristianos de los primeros siglos eran comunistas fervientes". En esa línea de pensamiento reproduce largos fragmentos que resumen el mensaje emancipador de diversos apóstoles como San Basilio, San Juan Crisóstomo y Gregorio Magno.

De ese modo Rosa retoma el sugerente impulso del último Engels, quien en el prólogo de 1895 a Las luchas de clases en Francia no había tenido miedo de homologar el afán cristiano de igualación humana con el ideal comunista del proletariado revolucionario. Una lectura cuya tremenda actualidad no puede dejar de asombrarnos cuando —en América Latina y en otras partes del mundo— grandes sectores populares religiosos se rebelan contra el carácter jerárquico y autoritario de las iglesias institucionales para asumir una práctica de vida íntimamente consustanciada con el comunismo de aquellos primeros cristianos.

Rosa y el método dialéctico

"Rosa Luxemburgo es la mente más genial entre los herederos científicos de Marx y Engels."
– Franz Mehring

Ninguna categoría ha sido más repudiada, castigada y desechada en las últimas décadas que la de "totalidad". Las vertientes más reaccionarias del posmodernismo francés y del pragmatismo norteamericano han asimilado toda visión totalizadora con la metafísica. A ésta última la igualaron, a su vez, con el pensamiento "fuerte", de donde dedujeron que en ese tipo de racionalidad se encuentra implícita la apología de la violencia irracional y el autoritarismo.

De este modo han intentado desechar los grandes relatos de la historia, todo proyecto de emancipación, la categoría de "superación" (aufhebung) y cualquier visión totalizadora del mundo.

Ahora bien, esa categoría tan vilipendiada —la de totalidad— es central en el pensamiento dialéctico de Rosa y en su crítica de la economía capitalista. Ella consideraba que el modo de producción capitalista es una totalidad. Nunca se puede comprender si se fragmentan cualquiera de sus momentos internos (la producción, la distribución, el cambio o el consumo). El capitalismo los engloba a todos en una totalidad articulada, según un orden lógico que a su vez tiene una dinámica esencialmente histórica. Por eso, cuando intenta explicar en las escuelas del partido el problema de "¿Qué es la economía?" dedica buena parte de su exposición a desarrollar no sólo las definiciones de la economía contemporánea sino particularmente la historia de la disciplina.

Esa decisión no era caprichosa ni arbitraria. Estaba motivada por la misma perspectiva metodológica que llevó a Marx a conjugar lo que él denominaba el "modo de exposición" y el "modo de investigación", dos órdenes del discurso científico crítico que remitían al método lógico y al método histórico. Para el marxismo revolucionario que intenta descifrar críticamente las raíces fetichistas de la economía burguesa no hay simple enumeración de hechos —tal como aparecen a la conciencia inmediata en el mercado, según nos muestras las revistas y periódicos de economía— sin lógica. Pero a su vez no hay lógica sin historia.

La categoría que permite articular en el marxismo la lógica y la historia es la de totalidad, nexo central de la perspectiva metodológica que Rosa aprendió de Marx (como bien señaló Lukács en *Historia y conciencia de clase*). No importa si sus correcciones a los esquemas de reproducción del capitalismo que Marx describió en el tomo II de *El Capital* son correctas o no. Lo importante es el método empleado en ese análisis. Rosa quizás pudo equivocarse en algunas conclusiones de La acumulación del capital pero no se equivocó en emplear el método dialéctico.

Toda la reflexión de Rosa gira metodológicamente en torno a este horizonte. Retomar hoy ese ángulo nos parece de vital importancia, sobre todo si tomamos en cuenta que en el último cuarto de siglo se ha intentado fracturar toda perspectiva de lucha contra el capitalismo en su conjunto en aras de los "micropoderes", los "microenfrentamientos capilares" y el poder local, etc, etc. Sin cuestionar la totalidad del sistema capitalista, todo reclamo y toda crítica al sistema se vuelven impotentes.

El asesinato de Rosa, esa mancha imborrable

El 9 de noviembre de 1918 (un año después del levantamiento bolchevique de Rusia) comenzó la revolución alemana. Fueron dos meses de agitación ininterrumpida. Luego de una huelga general, los trabajadores insurrectos —dirigidos por la Liga Espartaco— proclamaron la República y se constituyeron consejos revolucionarios de obreros y soldados. Mientras Kautsky y otros socialistas se mostraron vacilantes, el grupo mayoritario en la socialdemocracia alemana (comandado por Friedrich Ebert [1870-1925] y Philipp Schleidemann [1865-1939]) enfrentó con vehemencia y sin miramientos a los revolucionarios.

Tal es así que Gustav Noske [1868-1947], miembro de este grupo (el SPD), asumió como Ministro de Guerra. Desde ese puesto y con ayuda de los oficiales del antiguo régimen monárquico alemán, organizó la represión de los insurrectos espartaquistas. Mientras tanto, el diario socialdemócrata Vorwärts [Adelante] publicaba avisos llamando a los Freikorps —"cuerpos libres", nombre de los comandos terroristas de derecha— para que combatieran a los espartaquistas, ofreciéndoles "sueldo móvil, techo, comida y cinco marcos extra".

El 15 de enero de 1919 Carlos Liebknecht y Rosa Luxemburgo son capturados en Berlín por la enfervorizada tropa de soldados. Horas más tarde son salvajemente asesinados. Poco después, León Jogiches (1867-1919), compañero de amor y militancia de Rosa Luxemburgo durante muchos años, es igualmente asesinado. El cuerpo de Rosa, ya sin vida, es arrojado por la soldadesca a un río. Su cadáver recién se encontró en mayo, cinco meses después.

La responsabilidad política que la socialdemocracia reformista tuvo en el cobarde asesinato de Rosa Luxemburgo y sus compañeros ya ningún historiador la discute. Ese acto de barbarie ha quedado en esa tradición como una mancha moral que difícilmente se borre con el tiempo.

Pero la memoria de Rosa, su pensamiento marxista, su ética revolucionaria y su indoblegable ejemplo de vida, continúan vivos. Entrañablemente vivos. En el puente donde sus asesinos arrojaron su cuerpo al agua siguen apareciendo, periódicamente, flores rojas. Las nuevas generaciones no la olvidan.

cronología

1871: [hay divergencias en torno al año porque Rosa utilizaba documentos falsos con fechas distintas, pero hoy se sabe que nació en 1871]: El 5 de marzo, en el seno de una familia judía, nace Rosa Luxemburgo. Su pequeña ciudad natal es Zamosc, próxima a Lublin, en el sudeste de la Polonia rusa. A pesar de ser judía y del antisemitismo reinante, logra ingresar al Gimnasio Femenino de Varsovia, donde realiza sus estudios iniciales.

1883: Muere en su exilio de Londres Carlos Marx [1818-1883], fundador del socialismo revolucionario contemporáneo, la concepción materialista de la historia, la filosofía de la praxis y la teoría crítica de la sociedad capitalista. Su corriente se conoce popularmente como "marxismo". Rosa Luxemburgo constituye una de sus principales continuadoras, en la teoría científica y en la práctica política.

1887: Rosa adhiere al Partido Socialista Revolucionario "Proletariat", organización clandestina vinculada a los populistas radicales rusos (bautizados como "terroristas" por los socialistas moderados). Este partido de Rosa tiene una organización no muy distinta a la que planteaba Lenin en su *¿Qué hacer?*

1889: Rosa sale clandestinamente de Polonia para Zurich. Allí inicia sus estudios universitarios. Su tesis versará sobre El desarrollo industrial de Polonia [publicada en Leipzig, 1898]. En Zurich se vincula con los exiliados polacos y rusos emigrados: Plejanov, Axelrod, Parvus (Helfand), Vera Zasulich, Marchlewski y Warszawski. Se funda la II Internacional o Internacional Socialista (de tendencias predominantemente moderadas). La corriente mayoritaria se define como "marxista ortodoxa". Sus principales representantes intelectuales son Karl Johann Kautsky [1854-1938] en Alemania y Jorge Plejanov [1856-1918] en Rusia. Una corriente minoritaria se define como "socialista revisionista". Su principal portavoz es Eduard Bernstein [1850-1932]. Al igual que Lenin, Rosa Luxemburgo polemizará con ambos. Primero con Bernstein, en 1898, y luego con Kautsky, en 1910.

1890: Se vincula con León Jogisches [1867-1919]. Su compañero de amor, durante muchos años, y de militancia, durante toda la vida.

1896: Participa como delegada del socialismo de Polonia en el congreso socialista internacional de Londres. Rosa es militante del Partido Socialdemócrata Polaco (SDKP) y enemiga a muerte del socialpatriotismo —encarnado en el Partido Socialista Polaco (PPS)— que en 1914 se terminó entregando en brazos del militarismo imperialista burgués.

1898: Ingresa en la socialdemocracia de Alemania. Allí se hace cargo de la publicación "Sächsische Arbeiterzeitung". Participa en el congreso de la socialdemocracia en Sttutgart. Inicia una aguda polémica contra Eduard Bernstein, ideólogo de la vertiente moderada del socialismo conocida mundialmente como "revisionismo", porque proponía "revisar" (abandonar) las principales teorías de Marx y Engels.

1899: En el periódico Leipziger Volkszeitung Rosa publica los artículos de su polémica contra el revisionismo. Estos textos agrupados se editan en forma de libro con el título *Reforma o revolución*.

1900: Participa en el congreso socialista internacional de París. Comienza su colaboración con Die Neue Zeit, la revista teórica de Karl Kautsky. Aparece la primera edición de *Reforma o revolución*.

1901-1902: Codirectora del Lepzinger Volkszeitung.

1903: Participa en el congreso de la socialdemocracia en Dresde.

1904: Por su intervención en el anterior congreso es condenada a tres años de prisión. Escribe y publica Problemas de organización de la socialdemocracia rusa. Participa en el congreso socialista internacional de Ámsterdam y cumple después su pena de prisión.

1905: Primera revolución rusa, de fuerte impacto en el pensamiento de Rosa Luxemburgo, quien propone extender los métodos huelguísticos y la acción directa a Europa occidental, donde predominaba el parlamentarismo. Parte para Polonia —en revolución— e interviene en la insurrección de Varsovia.

1906: Es hecha prisionera en Varsovia, Polonia. Logra la libertad varios meses después, previo pago de 3.000 rublos. Marcha a Kuokkala, Finlandia, donde escribe *Huelga de masas, partido y sindicatos*. En ese trabajo se condensa su aguda lectura de la revolución rusa de 1905 y su crítica del aparato burocrático —parlamentario y sindical— de los partidos socialistas occidentales. Participa en el congreso de la socialdemocracia en Mannheim. Por su intervención es condenada a dos meses de cárcel. Se inaugura la escuela del partido socialdemócrata. Rosa Luxemburgo trabaja allí como profesora, reemplazando al economista marxista austríaco Rudolf Hilferding. Sus cursos sobre el pensamiento de Carlos Marx y su crítica a la economía política serán publicados más tarde con el título Introducción a la economía política.

1907: Cumple pena de prisión. Participa del congreso socialista internacional de Sttutgart. Allí redacta una enmienda junto con Vladimir Ilich Lenin [1870-1924] y Martov.

1908: Aparece la segunda edición de *Reforma o revolución*.

1910: Inicia una ácida polémica con Karl Kautsky sobre la huelga de masas. Comienza la ruptura teórica y política de Luxemburgo con la dirección oficial de la socialdemocracia alemana por su creciente giro hacia la derecha y el oportunismo. Participa en el congreso internacional socialista de Copenhague.

1911: Participa en el congreso de la socialdemocracia en Jena.

1912: Participa en el congreso internacional socialista de Basilea. Termina *La acumulación del capital*, investigación originada en algunos problemas teóricos que Rosa no había podido resolver en su Introducción a la economía política.

1913: Nueva polémica con la dirección de la socialdemocracia alemana (del partido SPD y de los sindicatos) sobre la huelga de masas y la acción directa extraparlamentaria. Publica *La acumulación del capital.*

1913: En Francfort pronuncia un discurso contra el militarismo y a favor de la fraternidad internacional. Por ese discurso es condenada a un año de prisión.

1914-1918: Primera guerra mundial. Durante esta guerra se divide la Internacional Socialista, entre quienes la apoyan —los moderados— y quienes la rechazan —los radicales—. Estos últimos, entre quienes se encontraba Luxemburgo, fundarán en 1919 la III Internacional o Internacional Comunista.

1914: El 4 de agosto los socialistas parlamentarios alemanes —cabeza de todo el reformismo de la II Internacional— votan a favor de los créditos de guerra que exigían la derecha y los grandes empresarios. Mientras tanto, Luxemburgo participa en la última reunión del buró socialista internacional de Bruselas y en un acto antibélico. Forma parte de la primera reunión de militantes opositores a los créditos de guerra. Primera declaración pública contra la rendición del socialismo reformista frente a la guerra. Rosa la firma junto con Karl Liebknecht (1871-1919), Franz Mehring (1846-1919) y Clara Zetkin (1857-1933). Todos ellos forman el grupo "Internacional", luego denominado "Spartakusbund" (Liga Espartaco).

1915: Pasa un año en prisión y escribe *La crisis de la socialdemocracia* (El folleto de Junius). Allí formula la consigna política y la disyuntiva histórica que la hará célebre: "Socialismo o barbarie". Aparece el primer número de "Die Internationale". Es fundado por Rosa Luxemburgo y Karl Liebknecht. Resulta prohibido en forma inmediata.

1916: Aparece publicado *La crisis de la socialdemocracia* (El folleto de Junius). Gran manifestación antibélica en Berlín. Rosa y Liebknecht son los principales oradores. Es encarcelada nuevamente (desde el 16 de julio de 1916 hasta el 9 de noviembre de 1918). Aparece el primer número de las Cartas de Espartaco (ella colabora hasta el No.12, de octubre de 1918).

1917: En Rusia se producen dos revoluciones. La de febrero y la de octubre. En esta última, los bolcheviques, encabezados por Lenin y Trotsky, toman el poder e inician un cambio radical en la historia mundial del siglo XX. Por primera vez, los trabajadores logran consolidar su poder, ganar la guerra civil y rechazar las intervenciones extranjeras. Entusiasmada hasta el límite, Rosa Luxemburgo saluda calurosamente la revolución bolchevique, aunque escribe observaciones críticas discutiendo con sus principales dirigentes.

1918: Rosa escribe en la cárcel *La revolución rusa*. En septiembre cae el frente occidental alemán. Estalla una nueva ola huelguística. Se vislumbra el fin de la primera guerra mundial. El 23 de octubre Karl Liebknecht es liberado por una amnistía a los presos políticos —que no incluye a Rosa Luxemburgo— decretada por el gobierno para intentarse salvarse. El 9 de noviembre Rosa es liberada cuando las masas de Breslau —en medio de una huelga general que obliga a renunciar al gobierno del canciller Max von Baden— fuerzan las puertas de la cárcel. Visiblemente canosa y envejecida por los años de prisión, sale del encierro para incorporarse inmediatamente al trabajo político. Aparece el periódico Die Rote Fahne [Bandera Roja]. Ella colabora a partir del segundo número.

Se publica el programa de la Liga Espartaco (el 14 de diciembre de 1918). Rosa encabeza la dirección política de la Liga.

30 de diciembre de 1918-1 de enero de 1919: Los espartaquistas rompen con el ala "socialista independiente" (SPDU) y, junto con los "radicales de izquierda", fundan el Partido Comunista de Alemania (KPD) a partir del Congreso constitutivo de la Liga Espartaco. En la fundación Rosa pronuncia su Discurso sobre el programa.

Enero de 1919: Participa en la dirección de la insurrección obrera y en la Comuna de Berlín.

15 de enero de 1919: Rosa Luxemburgo es capturada y asesinada por mandato de la socialdemocracia (SPD). Los principales responsables políticos son los dirigentes socialdemócratas: Friedrich Ebert [1870-1925]; Philipp Schleidemann [1865-1939] y Gustav Noske [1868-1947]. Rosa, ya sin vida después de haber recibido un culatazo de rifle en su cabeza, es arrojada a un río (su cadáver sólo se encontró cinco meses después). De este modo, junto con su cuerpo, quisieron hacer desaparecer su ejemplo ante las nuevas generaciones.

1919: A partir del impulso de los bolcheviques y retomando el pensamiento y el ejemplo de vida profundamente internacionalista de Rosa Luxemburgo, se funda la III Internacional o Internacional Comunista. En su nacimiento tiene como objetivo prioritario impulsar la revolución mundial, el gran sueño de Rosa y sus compañeros.

bibliografía de consulta

Cliff, Tony: *Rosa Luxemburgo (Introducción a su lectura)*. Buenos Aires, Galerna, 1971.

Cole, G. D.: *Historia del pensamiento socialista*. [Siete tomos], México D.F., Fondo de Cultura Económica, 1962-1963.

Dunayevskaya, Raya: *Rosa Luxemburgo, la liberación femenina y la filosofía marxista de la Revolución*. México, Fondo de Cultura Económica, 1981.

Geras, Norman: *Actualidad del pensamiento de Rosa Luxemburgo*. México, ERA, 1980.

Gramsci, Antonio: *Cuadernos de la cárcel*. México, ERA, 1982. [Seis tomos, reedición 2000].

Guèrin, Daniel: *Rosa Luxemburgo o la espontaneidad revolucionaria*. Buenos Aires, Utopía Libertaria, 2003.

Lenin, Vladimir Ilich: "El folleto de Junius". En Rosa Luxemburgo: *La crisis de la socialdemocracia*. Obra Citada.

Lenin, Vladimir Ilich: "Notas de un periodista". En Rosa Luxemburgo: *Obras Escogidas* [edit. Pluma]. Obra Citada.

Lenin, Vladimir Ilich: *Qué hacer*. En Lenin, V.I.: *Obras Completas*. Buenos Aires, Cartago, 1960.

Lenin, Vladimir Ilich: *Las tesis de abril.* En Lenin, V.I.: *Obras Completas.* Buenos Aires, Cartago, 1960.

Löwy, Michael: *Dialéctica y revolución*. México, Siglo XXI, 1975.

Löwy, Michael: *El marxismo olvidado* (Rosa Luxemburgo, György Lukács). Barcelona, Fontamara, 1978.

Lukács, György: *Historia y conciencia de clase.* México, Grijalbo, 1987.

Luxemburgo, Rosa: *Cartas de amor a León Jogiches.* [Presentación y notas de Félix Tych]. Buenos Aires, Ediciones de la Flor, 1973.

Luxemburgo, Rosa: *Crítica de la Revolución Rusa* [Preparación y prólogo de José Aricó]. Buenos Aires, La Rosa Blindada, 1969.

Luxemburgo, Rosa: *El desarrollo industrial de Polonia y otros escritos sobre el problema nacional.* México, Siglo XXI, 1979.

Luxemburgo, Rosa: *Huelga de masas, partido y sindicatos.* México, Siglo XXI, 1974.

Luxemburgo, Rosa: *Introducción a la economía política.* [Prefacio de Ernest Mandel]. México, Siglo XXI, 1988.

Luxemburgo, Rosa: *La acumulación del capital.* México, Grijalbo, 1967.

Luxemburgo, Rosa: *La crisis de la socialdemocracia* (Folleto de Junius) [Prólogo de Clara Zetkin, introducción de Ernest Mandel]. Barcelona, Anagrama, 1976.

Luxemburgo, Rosa: *Obras escogidas.* [Dos Tomos. Introducción de Mary Alice Waters]. Buenos Aires, Pluma, 1976.

Luxemburgo, Rosa: *Obras escogidas.* México, ERA, 1978. [Colección El hombre y su tiempo]. Tomo I.

Luxemburgo, Rosa: "Resumen de los Tomos II y III de El Capital". Incorporado [sin firma] a Franz Mehring: *Carlos Marx. Historia de su vida.* La Habana, Editorial de Ciencias Sociales, 1973.

Mandel, Ernest: *Control obrero, consejos obreros, autogestión* [Antología]. México, ERA, 1974.

Negri, Antonio: *El poder constituyente. Ensayo sobre las alternativas de la modernidad.* Madrid, Libertarias/Prodhufi, 1994.

Trías, Juan y Monereo, Manuel [editores]: Rosa Luxemburgo. *Actualidad y clasicismo.* Madrid, El Viejo Topo, 2001.

Trotsky, León: "Fuera las manos de Rosa Luxemburgo". En Rosa Luxemburgo: *Obras escogidas.* [edit. Pluma]. Obra Citada.

primera parte:
textos de Rosa Luxemburgo

cartas de amor y revolución

León Jogiches (1867-1919, quien también utilizaba los seudónimos de León Grozowski, Jan Tyszka o J. Krysztalowicz), fue el gran compañero de Rosa Luxemburgo durante casi tres décadas. Se vincularon en 1890, cuando ella tenía apenas 19 y él 23 años. La relación amorosa entre ambos comienza en 1891-1892 y finaliza entre 1906 y 1907. Luego, continuaron siendo amigos y compañeros de militancia. Cada separación entre ambos alimentaba la correspondencia, que conjugaba los problemas íntimos y cotidianos de la pareja y los problemas políticos del movimiento revolucionario de aquella época.

En total, se conservan 918 (novecientas dieciocho) cartas y tarjetas enviadas por Rosa a León. Con justicia, dada la enorme cantidad de datos personales y políticos que contienen, esa voluminosa correspondencia puede considerarse, prácticamente, una autobiografía de la gran revolucionaria. No se conservan las cartas que él le envió. Ella quemó muchas, por temor a los allanamientos policiales. Si algunas se conservaron, las deben haber destruido sus asesinos, que saquearon su departamento de Berlín.

Recordando a León, Clara Zetkin afirmaba: "Era uno de esos hombres, todavía hoy muy escasos, que, dotados ellos mismos de una gran personalidad, pueden admitir a su lado en una camaradería leal y dichosa la presencia de una gran personalidad femenina, asistir a su desarrollo y a su transformación sin ver en ella una presión o un daño infligido a su propio yo. […] Buena parte de lo mejor de León está contenido en la obra y la vida de Rosa Luxemburgo. […] Los contrarrevolucionarios sabían lo que hacían cuando, unas semanas después del asesinato de Rosa Luxemburgo, hicieron asesinar también a León Jogiches, en el curso de un supuesto "intento de huida" en la misma prisión de Moabit donde, en pleno día y a bordo de un elegante coche privado, pudieron sacar al asesino de Rosa".

Los siguientes son algunos pequeños fragmentos de esas cartas donde Rosa abre su corazón, conjugando en un mismo movimiento su amor a León, su rechazo del reformismo y su pasión por la revolución socialista mundial.

[Sin fecha, probablemente:] París, 24 de marzo de 1894

Mi querido:

Ya estaba furiosa y tengo algunas cosas feas que reprocharte. Estaba tan enojada que tenía intención de no escribirte hasta la partida. Pero los sentimientos prevalecieron. Esto es lo que te reprocho:

1) Tus cartas no traen nada, pero nada, que no sea La causa obrera [referencia al periódico de la socialdemocracia de Polonia. N.K.], críticas a lo que he hecho e indicaciones sobre lo que tengo que hacer. Si me contestas, indignado, que en cada carta me escribes un montón de palabras amables, te responderé que las palabras tiernas no me bastan, que te dispenso de ellas más fácilmente que de una noticia cualquiera que te concierna personalmente. ¡Ni una palabra! Sólo nos une la causa y la tradición de antiguos sentimientos. Es muy doloroso. Acá lo he visto claramente. Cuando, extenuada por la sempiterna causa me sentaba a descansar un instante, me ponía a pensar en lo que me rodea y tomaba conciencia de que no tengo ni un lugarcito mío, que no existo en parte alguna y que vivo sólo por mí misma.

[…]

Lo que me irrita es que cada carta que recibo de los demás o de ti, repita la misma cosa: el número, el folleto, este artículo o el otro. Sería perfecto si además de eso, y a pesar de eso, se asomara un poco el hombre, el alma, el individuo. Pero en tu caso, nada, nada aparte de La causa.

[…]

[Sin fecha, probablemente:] París, 5 de abril de 1894

Aquí estoy en casa (o sea en el hotel), sentada a la mesa y tratando de ponerme a trabajar en la proclama. Querido mío: ¡No tengo ganas! La cabeza me duele y me pesa, el barullo y el ruido espantoso de la calle, ¡esta pieza abominable! Quiero estar contigo, ¡no puedo más! Piensa, por lo menos dos semanas más, porque el domingo este no puedo preparar la conferencia a causa de la proclama; tendré, pues que esperar hasta el otro domingo. Además, la conferencia rusa, después la visita a Lavrov.

Querido, ¿cuándo terminará esto? comienzo a perder la paciencia, no se trata del trabajo, ¡sino únicamente de ti! ¿Por qué no has venido a buscarme aquí? Si te tuviera conmigo… ningún trabajo me asustaría. Hoy en lo de Adolf, en medio de la conversación y de los preparativos de la proclama, sentí de golpe en el alma tanta fatiga y tanta nostalgia de ti que casi grité en voz alta. Tengo miedo que el antiguo demonio (el de Ginebra y el de Berna) me asalte de pronto el corazón y me conduzca una noche a la estación del Este. Para consolarme imagino el momento en que silbe la locomotora, en que diga hasta pronto a Jadzia y a Adolf, en que el tren por fin se mueva: el momento en que vaya a tu encuentro. Ah, Dios mío, me parece que toda la cadena de los Alpes se extiende entre mí y ese instante.

Querido, cuando esté cerca de Zurich, cuando me estés esperando, cuando por fin descienda del vagón, estarás en la puerta entre la multitud y no podrás venir corriendo hacia mí, ¡pero yo correré a tu encuentro! Pero no nos besaremos en seguida, ni nada, porque eso no haría más que arruinar todo, porque no expresaría nada de nada. Solamente nos apresuraremos para llegar a casa y nos miraremos y nos sonreiremos. Ya en casa… nos sentaremos en el sofá y nos abrazaremos uno contra el otro… y yo me desharé en lágrimas como ahora.

¡Querido! Ya es bastante, ¡quiero que termine más rápido! No puedo más, mi amor. Por desgracia, temiendo un allanamiento, destruí por lo que pudiera suceder tus cartas y ya no tengo nada para consolarme.

[...]

Berlín, 2 de julio de 1898

Querido idiotita:

Como estoy enterrada hasta las orejas en Bernstein [se trata de la crítica de las posiciones reformistas de Eduard Bernstein, cabeza intelectual del socialismo revisionista en Alemania y en la Internacional Socialista. N.K.], responderé rápidamente a la pregunta que me planteas, a saber, si te amo. Sí, sí, te amo, hasta "con una cierta pasión". Espera un poco, ya sabrás qué es lo de cierta suerte que tu noble órgano del oído no esté al alcance de mi mano.

[...]

Ahora lo más importante en lo que se refiere a Bernstein. He logrado orientarme en el conjunto, pero no por eso es mejor, porque advierto las espantosas responsabilidades que significa. Tengo ya un plan perfecto. Los dos puntos más difíciles: 1) la crisis, 2) la demostración positiva de que el capitalismo fracasará (demostración para mí indispensable, más o menos breve) a causa de los buenos fundamentos del socialismo científico. Ayúdame, por amor de Dios, con esos dos puntos. Y habrá que trabajar rápido 1) porque todo el trabajo será perdido, si alguien nos precede, 2o.) porque hay que dejar el mayor tiempo posible para el acabado... En conjunto hemos encarado muy bien el trabajo. Los fragmentos que escribí en Zurich son de la pasta que necesitamos (naturalmente no está cocinada todavía); si supiera qué escribir, la forma se organizaría inmediatamente como es preciso. Estoy dispuesta a dar la mitad de mi vida por este artículo, tanto me importa… Y la Neue Zeit, ¡por amor de Dios! ¡Ya ni sé lo que escriben!

   […]

Berlín, 24 de septiembre de 1898

Querido:

Los acontecimientos se suceden con tal rapidez que no alcanzo a informarte a tiempo.

   Primer acontecimiento: he decidido, en la medida de lo posible, plantear en el Congreso la cuestión de la táctica y del oportunismo y proponer una resolución. No podré hacerlo sin haber escrito antes en la prensa. Para la Neue Zeit [se trata de la revista oficial del partido socialdemócrata alemán SPD. N.K.] era demasiado tarde. Entonces me senté y escribí en dos días una serie de artículos para la Leipziger Volkszeitung de 107 páginas [se trata de la primera serie de artículos críticos de Eduard Bernstein que luego fueron reunidos en el libro *Reforma o revolución*. Algunos de ellos están incorporados en el presente volumen. N.K.]. Por falta de tiempo los envié sin copia. Schönlank se entusiasmó. Harán 7 artículos. Te envío adjuntos los tres primeros. Schönlank los considera "un golpe maestro" y "una obra de arte de la dialéctica". El artículo ya causa sensación y en Leipzig se lo arrancan de las manos. Pensarás quizás que con todo esto salgo perdiendo porque no aparecen en la Neue Zeit. Chasco: 1) en la N.Z. seguirá la discusión porque es allí donde Ed [Bernstein] contestará inmediatamente después del Parteitag. Naturalmente, también contestaré yo, aunque Schönlank me pide por anticipado que responda en su periódico. 2) Lo más importante: los artículos han impresionado tanto a Schönlank que quiere reunirlos en un folleto. Le he anticipado que en ese caso, como es natural, los trabajaré un poco más, los aumentaré y agregaré una introducción general sobre el significado del oportunismo en el partido, etc.

Después de estos artículos puedo atrevidamente hacer uso de la palabra... en la medida en que los ancianos [se trata de los jefes tradicionales de la socialdemocracia alemana. N.K.] no ahoguen la discusión.

[...]

Berlín, 3 de diciembre de 1898

Fui ayer a lo de Mehring [se trata de Franz Mehring, el principal biógrafo de Marx, militante de la izquierda del socialismo alemán junto con Rosa Luxemburgo. N.K.] y volví a casa con la triste convicción de que lo único que me falta hacer es sentarme a escribir una gran obra. Al igual que Kautsky, Mehring me preguntó de repente: "¿Está trabajando en una obra más importante?" Y con un aire tan serio que sentí que "necesitaba" trabajar en eso. ¿Qué le vamos a hacer?, evidentemente tengo el aspecto de una persona que debe escribir una obra importante y no me queda más que confirmar la expectativa general. ¿No sabrías tú por casualidad sobre qué tema debería escribir? Si me liberas del comentario detallado de mi visita a Bebel y Kautsky [se trata de August Bebel y Karl Kautsky, respectivamente líder político y líder intelectual de la socialdemocracia alemana. N.K.] te contaré en cambio mi conversación con Mehring que es más interesante. Primero: Me declaró varias veces que yo redactaba la Sächsische Arbeiterzeitung mucho mejor que Parvus: "se veía que el periódico estaba realmente redactado". Lo mismo que le dijo a Kautsky.

[...]

La noticia interesante que te había prometido es que la policía me vigila desde hace algunas semanas. Estos últimos días se quedaron dos soplones en la portería y me siguieron paso a paso. El portero, un ex camarada, me señaló todo en secreto. Cuando ya fue suficiente me fui directamente a la policía, al señor teniente, y puse las cartas sobre la mesa. Dije que si la cosa no paraba ahí iría a ver a Windheim [jefe de la policía de Berlín. N.K.] y haría un escándalo. El señor teniente hizo como que no estaba al corriente de nada, pretendió que era falso, pero al día siguiente los alcahuetes ya no estaban. Mehring me aconseja que si vuelven a aparecer mande una nota al Vorwärts y desaparecerán como por un tubo. ¿Por qué? El diablo lo sabe, ciertos datos me hacen creer que básicamente se trata de una confusión de personas: o bien me toman por otra o bien a otra por mí. Entretanto soy prudente, quemé las cartas, registré y examiné mis papeles.

[...]

el oportunismo, un atajo sin salida

Eduard Bernstein (1850-1932) fue uno de los principales teóricos del socialismo reformista a nivel mundial. Se había afiliado en 1872 al Partido Socialdemócrata Alemán (SPD). Desde 1881 a 1890 editó junto a August Bebel (1840-1913) el diario Sozialdemokrat [Socialdemócrata]. En 1901 fue elegido diputado del Reichstag (cámara baja del Parlamento alemán), donde participó en tres legislaturas (1902-1906, 1912-1918 y 1920-1928). Por sobre otros políticos de esta vertiente socialista, Bernstein contaba en su haber con una sólida cultura filosófica y una extensa formación teórica. Su propuesta consiste en sintetizar a Carlos Marx [1818-1883] con Immanuel Kant (1724-1804). De esta forma, propone que el socialismo sea tan sólo un ideal ético a largo plazo (el "programa máximo" en la jerga de la época), evitando todo intento por llevarlo a la práctica mediante levantamientos revolucionarios.

El experimento teórico de Bernstein fue calificado en su tiempo como "revisionista" porque revisa los fundamentos del socialismo marxista. Sus artículos polémicos aparecieron entre 1897 y 1898 en la Neue Zeit, órgano oficial del SPD. Luego fueron reunidos en dos libros: Problemas del socialismo *y* Las premisas del socialismo y las tareas de la socialdemocracia.

Como también hacen algunas corrientes actuales, hoy de moda, Bernstein planteaba: (1) para cambiar la sociedad no hay que tomar el poder, y (2) quienes quieren transformar la sociedad deben abandonar la dialéctica. Resulta sugerente comprobar cómo, un siglo después, ambas proposiciones han resurgido en los libros del famoso Toni Negri y en otros ensayistas contemporáneos que también son best seller.

En sus escritos, Bernstein rechaza todo "salto brusco de la sociedad capitalista a la socialista", los "milagros" y todo "gran corte" entre capitalismo y socialismo. Tres nombres distintos para designar su rechazo a la idea misma de revolución socialista que él designaba peyorativamente como "utopismo".

La joven Rosa Luxemburgo, cuando todavía no había cumplido los 30 años, sale a contestarle con artículos que se publican en el periódico Leipziger Volkszeitung, *luego reunidos en su libro* Reforma o revolución *[1900, segunda edición de 1908].*

El siguiente capítulo forma parte de ese libro y en su edición original lleva por título "El método oportunista".

Si se acepta que las teorías son la imagen de los fenómenos del mundo exterior en el cerebro de los hombres, a la vista de la teoría de Eduard Bernstein habría que añadir en todo caso: aunque a veces son imágenes invertidas. Es la suya una teoría sobre la implantación del socialismo mediante reformas sociales formulada después del completo estancamiento de la reforma social alemana; una teoría del control del proceso de producción formulada después de la derrota de los metalúrgicos ingleses; una teoría de ganar la mayoría parlamentaria formulada tras la reforma constitucional de Sajonia y los atentados contra el derecho de sufragio universal. Sin embargo, el aspecto central de las tesis de Bernstein no es, a nuestro juicio, su concepción de las tareas prácticas de la socialdemocracia, sino lo que dice acerca del desarrollo objetivo de la sociedad capitalista, que se encuentra en estrecho contacto con dicha concepción.

Según Bernstein, el desarrollo del capitalismo hace cada vez más improbable su hundimiento general, debido a que, por un lado, el sistema capitalista muestra cada vez mayor capacidad de adaptación y, por otro lado, la producción se diversifica cada día más. La capacidad de adaptación del capitalismo se manifiesta, según Bernstein, en: 1) la desaparición de las crisis generales, gracias al desarrollo del sistema crediticio, las alianzas empresariales y el avance de los medios de transporte y comunicación; 2) la resistencia demostrada por las clases medias, a consecuencia de la creciente diferenciación de las ramas de la producción y del ascenso de amplias capas del proletariado a las clases medias; 3) y finalmente, la mejora de la situación económica y política del proletariado, como resultado de la lucha sindical.

La conclusión de todo esto es que la socialdemocracia ya no debe orientar su actividad cotidiana a la conquista del poder político, sino a la mejora de las condiciones de la clase obrera dentro del orden existente. La implantación del socialismo no sería consecuencia de una crisis social y política, sino de la paulatina ampliación de los controles sociales y de la gradual aplicación de los principios cooperativistas.

El propio Bernstein no ve nada nuevo en sus proposiciones; al contrario, cree que coinciden tanto con determinadas observaciones de Marx y Engels como con la orientación general de la socialdemocracia hasta el presente. En nuestra opinión, en cambio, es difícil negar que las concepciones de Bernstein en realidad contradicen abiertamente las tesis del socialismo científico.

Si el revisionismo bernsteiniano se redujera a afirmar que el proceso de desarrollo capitalista es más lento de lo que se pensaba, ello no implicaría más que un aplazamiento de la conquista del poder político por parte del proletariado, en lo que todo el mundo estaba de acuerdo hasta ahora. Su única consecuencia sería un ritmo más lento de la lucha. Pero no es éste el caso. Bernstein no cuestiona la rapidez del desarrollo capitalista, sino el desarrollo mismo y, en consecuencia, la posibilidad misma de la transición al socialismo.

La teoría socialista mantuvo hasta ahora que el punto de partida para la transformación socialista sería una crisis general y catastrófica, perspectiva en la que hay que diferenciar dos aspectos: la idea fundamental y su forma externa. La idea fundamental es que el capitalismo, víctima de sus propias contradicciones internas, llegará a desequilibrarse, a hacerse imposible. Había buenas razones para pensar que esa coyuntura se daría en la forma de una crisis comercial general y estremecedora, aunque esto es de importancia secundaria a la hora de considerar la idea fundamental.

La justificación científica del socialismo reside principalmente, como es bien sabido, en tres consecuencias del desarrollo capitalista. En primer lugar y ante todo, la anarquía creciente de la economía capitalista, que convierte su decadencia en inevitable. En segundo lugar, la progresiva socialización del proceso de producción, que da lugar al germen del futuro orden social. Y en tercer lugar, la organización y la conciencia de clase crecientes del proletariado, el cual constituye el factor activo de la revolución venidera.

Bernstein, al afirmar que el desarrollo capitalista no se aproxima a una crisis económica general, niega el primero de estos pilares del socialismo científico. No rechaza una forma concreta de hundimiento, sino el propio hundimiento. Bernstein dice explícitamente: "Podría argumentarse que cuando se habla del hundimiento de la sociedad actual se está pensando en algo más que una crisis económica general y más fuerte que las anteriores, esto es, se está pensando en una quiebra total del sistema capitalista, a resultas de sus propias contradicciones". A lo cual contesta él mismo: "Con el creciente desarrollo de la sociedad, un hundimiento simultáneo y cercano del actual sistema de producción no es más probable, sino más improbable, porque el desarrollo capitalista aumenta, por un lado, la capacidad de adaptación de la industria y, por otro, o al mismo tiempo, su diferenciación".

Surge aquí la gran cuestión: ¿Por qué y cómo, en este caso, llegamos a nuestro objetivo último? Desde el punto de vista del socialismo científico, la necesidad histórica de la revolución socialista se manifiesta sobre todo en la anarquía creciente del capitalismo, que lo conduce a un callejón sin salida. Pero si se admite la tesis de Bernstein de que el desarrollo capitalista no lo encamina hacia su propio hundimiento, entonces el socialismo deja de ser objetivamente necesario. Por tanto, sólo restan los otros dos pilares de los fundamentos científicos del socialismo: la socialización del proceso de producción y la conciencia de clase del proletariado. A esto se refiere asimismo Bernstein al decir: "La eliminación de la teoría del hundimiento en absoluto priva a la doctrina socialista de su poder de convicción, puesto que, pensado con más detenimiento, ¿qué son en realidad todos los factores de eliminación o modificación de las antiguas crisis que hemos mencionado? No otra cosa que las premisas, e incluso en parte el germen, de la socialización de la producción y la distribución".

Sin embargo, una breve reflexión permite darse cuenta de la falacia de esta conclusión. ¿Cuál es la importancia de los fenómenos —los cárteles, el crédito, el desarrollo de los medios de transporte, la mejora de la situación de la clase obrera, etc.— que Bernstein cita como medios de la adaptación capitalista? Evidentemente, que eliminan o, al menos, atenúan las contradicciones internas de la economía capitalista, frenan el desarrollo o la agudización de dichas contradicciones. De este modo, la eliminación de las crisis sólo puede significar la eliminación de la contradicción entre producción y distribución en el sistema capitalista. Y la mejora de la situación de la clase obrera, o la integración de ciertos sectores de la misma en las capas medias, sólo puede significar la atenuación del antagonismo entre capital y trabajo.

Ahora bien, si los fenómenos antes mencionados eliminan las contradicciones del capitalismo y, en consecuencia, evitan el hundimiento del sistema, si permiten que el capitalismo se sostenga —por eso Bernstein los llama "medios de adaptación"—, ¿cómo pueden los cárteles, el crédito, los sindicatos, etc., ser al mismo tiempo "las premisas e incluso en parte el germen" del socialismo? Evidentemente, tan sólo en el sentido de que ponen más claramente de manifiesto el carácter social de la producción.

Pero, dado que se conservan en su forma capitalista, convierten en superflua la transformación de esa producción socializada en producción socialista. Por eso sólo pueden ser el germen o las premisas del orden socialista en un sentido conceptual, pero no en un sentido histórico. Es decir, son fenómenos que, a la luz de nuestra concepción del socialismo, sabemos que están relacionadas con éste, pero que en realidad no conducen a la revolución socialista, sino que la hacen superflua. Como único fundamento del socialismo nos queda, por tanto, la conciencia de clase del proletariado. Pero, en este caso, ya no es el simple reflejo intelectual de las cada vez más agudas contradicciones del capitalismo y su próximo hundimiento —que será evitado por los medios de adaptación—, sino un mero ideal cuyo poder de convicción reside en la perfección que se le atribuye.

En pocas palabras, lo que aquí tenemos es una justificación del programa socialista a través de la "razón pura", es decir, una explicación idealista del socialismo, que elimina la necesidad objetiva del mismo como resultado del desarrollo material de la sociedad.

La teoría revisionista se enfrenta a un dilema. O bien la transformación socialista es, como se admitía hasta ahora, la consecuencia de las contradicciones internas del capitalismo, que se agudizarán con el desarrollo capitalista, rematando inevitablemente, en un momento dado, en su hundimiento —siendo entonces inútiles los "medios de adaptación" y correcta la teoría del hundimiento—, o bien los "medios de adaptación" evitarán realmente el hundimiento del sistema capitalista y, de ese modo, permitirán que éste, al superar sus propias contradicciones, se mantenga, con lo cual el socialismo deja de ser una necesidad histórica y pasa a ser lo que sea, excepto el resultado del desarrollo material de la sociedad.

Este dilema lleva a otro. O el revisionismo tiene razón en lo relativo al desarrollo capitalista, y por tanto la transformación socialista de la sociedad es una utopía, o el socialismo no es una utopía, y entonces la teoría de los "medios de adaptación" es falsa. En resumidas cuentas, ésta es la cuestión.

el revisionismo y las crisis del capitalismo

El siguiente capítulo integra Reforma o revolución. *En él, frente a los argumentos revisionistas que sostenían que el capitalismo podía sortear sus cataclismos periódicos, Rosa intenta defender la teoría marxista de las crisis que Marx estudió en los tres tomos de* El Capital *(Rosa no había leído en esos años la* Historia crítica de las teorías de la plusvalía, *el tomo cuarto de* El Capital, *que recién se publica póstumamente — con recortes realizados por Karl Kautsky— entre 1905 y 1910. Allí Marx también reflexiona sobre las crisis capitalistas).*

El argumento aquí expuesto por Rosa se sitúa todavía en el marco del marxismo "ortodoxo" que creía en una crisis ineluctable de la economía capitalista. Recién a partir de 1915, cuando continúa criticando y cuestionando al reformismo durante la primera guerra mundial, ella comienza a romper amarras con ese marxismo "ortodoxo". Es entonces cuando plantea la consigna "Socialismo o barbarie" que deja la puerta abierta al futuro. La historia, a partir de entonces, ya no tiene una marcha ineluctable y necesaria. La historia está abierta y su rumbo sólo se decidirá a partir de la lucha de clases.

En su edición original este capítulo llevaba por título "La adaptación del capitalismo".

Según Bernstein, los medios más importantes que posibilitan la adaptación de la economía capitalista son el crédito, los avanzados medios de transporte y comunicación y los cárteles empresariales.

El crédito cumple diversas funciones en la economía capitalista, siendo las más importantes la expansión de la producción y la facilitación del intercambio. Cuando la tendencia inherente a la producción capitalista a expandirse ilimitadamente choca con los límites de la propiedad privada o con las restringidas dimensiones del capital privado, el crédito aparece como el medio de superar, de modo capitalista, esos obstáculos. El crédito fusiona en uno solo muchos capitales privados (sociedades por acciones) y permite que cualquier capitalista disponga del capital de otros (crédito industrial). Como crédito comercial, acelera el intercambio de mercancías, es decir, el retorno del capital a la producción, ayudando así a todo el ciclo del proceso productivo. Es fácil comprender la influencia que estas dos funciones principales del crédito tienen sobre la formación de las crisis.

Si bien es verdad que las crisis surgen de la contradicción entre la capacidad de expansión —la tendencia al aumento de la producción— y la limitada capacidad de consumo, el crédito es precisamente, a la vista de lo dicho más arriba, el medio de conseguir que esa contradicción estalle con la mayor frecuencia posible. Para empezar, incrementa desproporcionadamente la capacidad de expansión, convirtiéndose así en el motor interno que constantemente empuja a la producción a rebasar los límites del mercado. Pero el crédito es un arma de dos filos: primero, como factor del proceso productivo, origina la sobreproducción, y después, como factor del intercambio de mercancías, destruye durante las crisis las fuerzas productivas que él mismo creó. A las primeras señales de estancamiento, el crédito se contrae y abandona el intercambio precisamente cuando a éste más indispensable le sería; y allí donde todavía subsiste, resulta inútil e ineficaz. Y reduce al mínimo la capacidad de consumo del mercado.

Además de estos dos resultados principales, el crédito también influye de otras maneras en la formación de las crisis: constituye el medio técnico para hacer accesible a un capitalista los capitales ajenos y es un acicate para el empleo audaz y sin escrúpulos de la propiedad ajena, es decir, para la especulación. Como medio alevoso de intercambio mercantil, el crédito no sólo agrava las crisis, también facilita su aparición y expansión, al transformar todo el intercambio en un mecanismo extremadamente complejo y artificial que es fácilmente perturbado a la menor ocasión, dada la escasa cantidad de dinero en metálico sobre la que se sustenta.

Por tanto, lejos de ser un instrumento de eliminación o atenuación de las crisis, es un factor especialmente poderoso para la formación de las mismas. Y no puede ser de otro modo si pensamos que la función del crédito, en términos generales, es eliminar las rigideces de las relaciones capitalistas e imponer por doquier la mayor elasticidad posible, a fin de hacer a todas las fuerzas capitalistas lo más flexibles, relativas y mutuamente sensibles que se pueda. Con esto, el crédito facilita y agrava las crisis, que no son otra cosa que el choque periódico de las fuerzas contradictorias de la economía capitalista.

Esto nos lleva a otra cuestión: ¿Cómo es posible que el crédito aparezca, en general, como un "medio de adaptación" del capitalismo? Al margen de cómo se conciba, dicha "adaptación" únicamente puede consistir en la capacidad para eliminar cualquiera de las relaciones contrapuestas de la economía capitalista, es decir, para eliminar o debilitar alguna de sus contradicciones, proporcionando así campo libre, en un momento u otro, a las otrora fuerzas reprimidas.

De hecho, es el crédito precisamente el que agudiza al máximo las contradicciones de la economía capitalista actual. Agudiza la contradicción entre el modo de producción y el modo de distribución, dado que intensifica al máximo la producción, pero paraliza el intercambio al menor pretexto. Agudiza la contradicción entre el modo de producción y el modo de apropiación, dado que separa la producción de la propiedad, es decir, convierte el capital que interviene en la producción en capital "social", pero al mismo tiempo transforma una parte del beneficio en un simple título de propiedad, bajo la forma de interés del capital. Agudiza la contradicción entre las relaciones de propiedad y las relaciones de producción, dado que expropia a muchos pequeños capitalistas y concentra en muy pocas manos una cantidad enorme de fuerzas productivas. Y finalmente, agudiza la contradicción entre el carácter social de la producción y la propiedad privada capitalista, en la medida en que hace necesaria la intervención del Estado en la producción.

En una palabra, el crédito reproduce las contradicciones fundamentales del capitalismo, las lleva al paroxismo y acelera su desarrollo, empujando así al mundo capitalista a su propia destrucción. La primera medida de adaptación del capitalismo, en relación con el crédito, tendría que ser, por tanto, su abolición, hacerlo desaparecer. De hecho, el crédito no es un medio de adaptación, sino un medio de aniquilación, de la mayor trascendencia revolucionaria. Este carácter del crédito ha inspirado, incluso, planes de reformas "socialistas", de algunos de cuyos defensores, como Isaac Péreire en Francia, dijo Marx que eran "mitad profetas, mitad sinvergüenzas".

Igual de insuficiente resulta ser, si se lo examina bien, el segundo "medio de adaptación" de la producción capitalista, las alianzas empresariales, que según Bernstein conseguirán contener la anarquía y evitar las crisis mediante la regulación de la producción.

Todavía no se han estudiado detenidamente las múltiples consecuencias del desarrollo de los cárteles y de los trusts, pero anuncia un problema que sólo se puede solucionar con la ayuda de la teoría marxista. Pero una cosa sí es cierta: cabría hablar de contención de la anarquía capitalista por medio de las alianzas empresariales si los cárteles, trusts, etc., se inclinasen hacia una forma general y socializada de producción, posibilidad que está excluida debido a la naturaleza de los mismos.

El objetivo económico real y el resultado de las alianzas empresariales es eliminar la competencia dentro de una determinada rama de la producción, puesto que dicha eliminación influye en la distribución de los beneficios obtenidos en el mercado, haciendo que aumente la porción correspondiente a esa rama. La alianza sólo puede elevar los porcentajes de beneficios dentro de una rama industrial a costa de las otras, por lo cual ese aumento no puede ser general. La extensión de las alianzas a todas las ramas importantes de la producción hace desaparecer su influencia.

Además, dentro de los límites de su aplicación práctica, las alianzas empresariales tienen un efecto contrario al de la eliminación de la anarquía industrial. En el mercado interior, suelen obtener un incremento de su tasa de beneficio, al hacer producir para el extranjero, con una tasa de beneficio mucho más baja, las cantidades suplementarias de capital que no pueden emplear para las necesidades internas, o sea, vendiendo las mercancías en el extranjero mucho más baratas que en el mercado doméstico. El resultado es la agudización de la competencia en el extranjero, el aumento de la anarquía en el mercado mundial, es decir, precisamente lo contrario de lo que se pretendía conseguir. Un ejemplo ilustrativo es la historia de la industria mundial del azúcar.

En general, consideradas como manifestaciones del modo de producción capitalista, las alianzas empresariales deben ser vistas como una fase del desarrollo capitalista. No son, en esencia, más que un medio del modo de producción capitalista para contener la fatal caída de la tasa de beneficios en ciertas ramas.

¿De qué método se valen los cárteles para alcanzar este fin? Del método de no utilizar una parte del capital acumulado, es decir, el mismo método que, bajo otra forma, se aplica en las crisis. Sin embargo, el remedio y la enfermedad se parecen como dos gotas de agua. De hecho, el primero sólo puede considerarse el mal menor hasta cierto punto. Cuando los mercados comiencen a contraerse y el mercado mundial haya alcanzado sus límites y esté agotado, producto de la competencia entre los países capitalistas —momento que tarde o temprano se alcanzará—, la parte improductiva del capital comienza a adquirir tales proporciones que el remedio se transforma en enfermedad y el capital, ya muy "socializado" a través de las alianzas, tenderá a convertirse de nuevo en capital privado. Al aumentar las dificultades para encontrar mercados, cada porción individual de capital acaba prefiriendo probar suerte por libre. Las alianzas estallan entonces como pompas de jabón, dando paso a una libre competencia más aguda.

[En la segunda edición de *Reforma o revolución*, la autora añadió a continuación el siguiente párrafo. N.K.]: En una nota a pie de página en el libro tercero de El capital, Engels escribió en 1894: "Desde que se escribió lo que antecede (1865) se ha intensificado considerablemente la competencia en el mercado mundial, a través del rápido desarrollo de la industria en todos los países civilizados, especialmente en América y Alemania. El hecho de que las fuerzas productivas modernas, en su crecimiento rápido y gigantesco, superen cada día más las leyes del intercambio capitalista de mercancías, en cuyo contexto debieran actuar, se va haciendo cada vez más claro en las conciencias de los capitalistas. Esto se demuestra por dos síntomas. En primer lugar, por la nueva manía proteccionista generalizada, que se diferencia de los antiguos aranceles proteccionistas en el hecho de que cubre fundamentalmente a los productos exportables. En segundo lugar, por la formación de cárteles de fabricantes en grandes esferas de la producción, con el fin de regular ésta y, con ella, los precios y los beneficios. Es manifiesto que estos experimentos sólo son posibles en un clima económico favorable; la primera tormenta los tira por la borda, demostrando así que si la producción necesita regulación, no será la clase capitalista la llamada a ponerla en práctica. Por lo demás, estos cárteles tienen como única misión procurar que los grandes devoren a los pequeños más rápidamente que antes". [Fin del párrafo añadido a la segunda edición. N.K.].

En general puede decirse que las alianzas empresariales, al igual que el crédito, son fases determinadas del desarrollo capitalista, que en última instancia sólo aumentan la anarquía del mundo capitalista y manifiestan y hacen madurar sus contradicciones internas. Al intensificar la lucha entre productores y consumidores, como podemos observar especialmente en Estados Unidos, los cárteles agudizan la contradicción entre el modo de producción y el modo de distribución. Agudizan asimismo la contradicción entre el modo de producción y el modo de apropiación, por cuanto enfrentan de la forma más brutal al proletariado con la omnipotencia del capital organizado y, de esta manera, agudizan la contradicción entre capital y trabajo.

Agudizan y extreman, por último, la contradicción entre el carácter internacional de la economía mundial capitalista y el carácter nacional del Estado capitalista, dado que siempre van acompañados por una guerra arancelaria general, lo que agrava las diferencias entre los diversos países capitalistas. A todo esto hay que añadir el efecto directo y altamente revolucionario de los cárteles sobre la concentración de la producción, el progreso técnico, etc.

Por tanto, desde el punto de vista de sus efectos finales sobre la economía capitalista, los cárteles y los trusts no sirven como "medios de adaptación". Al contrario, aumentan la anarquía de la producción, estimulan contradicciones y aceleran la llegada de un declive general del capitalismo.

Ahora bien, si el crédito, los cárteles y demás no consiguen eliminar la anarquía de la economía capitalista, ¿por qué durante dos decenios, desde 1873, no hemos tenido ninguna gran crisis comercial? ¿No es ésta una señal de que, en contra del análisis de

Marx, el modo de producción capitalista ha logrado "adaptarse", al menos en sus líneas generales, a las necesidades de la sociedad?

[En nuestra opinión, la actual bonanza en el mercado mundial tiene otra explicación. En general se cree que las grandes crisis comerciales globales ocurridas hasta ahora son las crisis seniles del capitalismo esquematizadas por Marx en su análisis. La periodicidad más o menos decenal del ciclo de producción parecía ser la mejor confirmación de este esquema. Esta concepción, sin embargo, descansa sobre lo que, a nuestro juicio, es un malentendido. Si se hace un análisis más exhaustivo de las causas que han provocado las grandes crisis internacionales acontecidas hasta el momento, se podrá advertir que, en conjunto, no son la expresión del envejecimiento de la economía capitalista, sino todo lo contrario, son el producto de su crecimiento infantil. Un repaso breve de su evolución basta para demostrar desde un principio que en los años 1825, 1836, 1847, el capitalismo no pudo producir aquellos periódicos e inevitables choques de las fuerzas productivas con los límites del mercado a causa de su madurez, como se desprende del esquema marxista, puesto que por aquel entonces el capitalismo se hallaba en pañales en la mayoría de los países.]

[En lugar del párrafo anterior, encerrado entre corchetes, la segunda edición de *Reforma o revolución* recoge lo siguiente. N.K.]: La respuesta vino pisándole los talones a la pregunta. Apenas se había deshecho Bernstein, en 1898, de la teoría marxista de las crisis, cuando en 1900 estalló una fuerte crisis general, y siete años después, en 1907, una nueva crisis originada en Estados Unidos afectó al mercado mundial. Los hechos incontrovertibles destruían la teoría de la 'adaptación' del capitalismo. Al mismo tiempo podía comprobarse que quienes abandonaban la teoría marxista de las crisis sólo porque había fracasado en el cumplimiento de dos de sus 'plazos' confundían el núcleo de la teoría con una pequeñez externa y no esencial de su forma, con el ciclo decenal. La formulación del ciclo de la industria capitalista moderna como un período decenal, sin embargo, era una simple constatación de los hechos por Marx y Engels en 1860 y 1870, que además no descansaba en ninguna ley natural, sino en una serie de circunstancias históricas siempre concretas relacionadas con la extensión intermitente de la esfera de actuación del capitalismo juvenil. [Fin de la intercalación de la segunda edición. N.K.].

En efecto, la crisis de 1825 fue el resultado de las enormes inversiones de capital para construir carreteras, canales y plantas de gas durante la década precedente, especialmente en Inglaterra, donde la crisis estalló. La crisis siguiente de 1836-39 también fue el resultado de las gigantescas inversiones en nuevos medios de transporte. La crisis de 1847 se produjo por la febril construcción de ferrocarriles en Inglaterra —en sólo tres años (1844-47), el Parlamento otorgó concesiones por valor de ¡1.500 millones de táleros! [equivalía a 15.000 millones de dólares. N.K.]—. En estos tres casos, la crisis sobrevino tras el establecimiento de nuevos cimientos para el desarrollo capitalista. En 1857, la causa fue la apertura de nuevos mercados para la industria europea en América y Australia a consecuencia del descubrimiento de las minas de oro y la amplia expansión del ferrocarril, siguiendo las huellas de Inglaterra, especialmente en Francia, donde de 1852 a 1856 se construyeron líneas férreas por valor de 1.250 millones de francos. Finalmente, como es sabido, la gran crisis de 1873 fue la consecuencia directa del enorme auge de la gran industria en Alemania y Austria, que siguió a los acontecimientos políticos de 1866 y 1871.

Por tanto, en todos los casos, el motivo de la crisis comercial fue la repentina expansión de la economía capitalista, y no su contracción. El hecho de que aquellas crisis internacionales se repitieran cada diez años fue meramente externo y casual. El esquema marxista de la formación de las crisis, tal como lo exponen Engels en el Anti-Dühring y Marx en los tomos I y III de El capital, es válido para todas las crisis sólo en la medida que pone al descubierto su mecanismo interno y sus causas generales de fondo.

[A continuación vienen dos párrafos —encerrados entre corchetes— que Rosa Luxemburgo reemplazó en la segunda edición de *Reforma o revolución*. N.K.]

[En conjunto, el esquema marxista se adapta mejor a una economía capitalista plenamente desarrollada, en la que se presupone la existencia de un mercado mundial. Solamente en este caso las crisis pueden originarse de un modo mecánico en el movimiento interno propio de los procesos de producción y distribución, como se desprende del análisis marxista, y sin necesidad de que una conmoción repentina en las relaciones de producción y de mercado actúe como estímulo. Si analizamos la situación actual de la economía, tendremos que reconocer que todavía no hemos llegado a la etapa de la madurez completa del capitalismo que se presupone en el esquema marxista de la periodicidad de las crisis. El mercado mundial aún se está creando: Alemania y Austria sólo entraron en la fase de la auténtica gran producción industrial a partir de 1870, Rusia ha ingresado a partir de 1880, Francia continúa siendo en gran parte un país de producción artesanal, los países balcánicos aún no han roto en gran medida las cadenas de la economía natural y América, Australia y África tan sólo a partir de 1880 han entrado en un régimen de intercambio comercial vivo y regular con Europa. Si bien es cierto, por un lado, que ya hemos superado las crisis, por así decirlo, juveniles producidas hasta 1870 a consecuencia del desarrollo brusco y repentino de nuevas ramas de la economía capitalista, también lo es que, por otro lado, aún no hemos alcanzado el grado de formación y agotamiento del mercado mundial que puede producir un choque fatal y periódico de las fuerzas productivas contra los límites del mercado, es decir, que puede producir las verdaderas crisis seniles del capitalismo. Nos encontramos en una fase en que las crisis ya no son el producto del ascenso del capitalismo, pero todavía tampoco son el producto de su decadencia. Este período de transición se caracteriza por el ritmo débil y lento de la vida económica desde hace casi veinte años, en el que cortos períodos de crecimiento se alternan con largos períodos de depresión].

[Pero de los mismos fenómenos que han ocasionado la ausencia temporal de crisis se deriva que nos acercamos inevitablemente al comienzo del final, al período de las crisis últimas del capitalismo. Una vez que el mercado mundial haya alcanzado, en líneas generales, un alto grado de desarrollo y que ya no pueda crecer por medio de ningún aumento brusco, al tiempo que crece sin parar la productividad del trabajo, se inicia un conflicto más o menos largo entre las fuerzas productivas y las barreras del intercambio, que, al repetirse, será cada vez más violento y tormentoso. Y si algo resulta especialmente adecuado para acercarnos a ese período, para establecer con rapidez el mercado mundial y agotarlo también con igual rapidez, ello es precisamente esos mismos fenómenos, el crédito y los cárteles, sobre los que Bernstein construye su teoría de los "medios de adaptación" del capitalismo.]

[En lugar de los dos párrafos anteriores entre corchetes, la segunda edición de *Reforma o revolución* dice lo siguiente: N.K.]

Estas crisis pueden producirse cada 10 o cada 5 años o, alternativamente, cada 20 o cada 8 años. Lo que demuestra del modo más palmario la insuficiencia de la teoría de Bernstein es el hecho de que la crisis más reciente (1907-08) se ensañó especialmente con los países en que más desarrollados están los famosos 'medios de adaptación' capitalistas (el crédito, el servicio de transmisión de noticias, los trusts). [Fin del reemplazo de la segunda edición. N.K.].

La creencia de que la producción capitalista pueda "adaptarse" a la distribución presupone una de estas dos cosas: o el mercado mundial puede crecer infinita e ilimitadamente o, por el contrario, las fuerzas productivas ven tan frenado su desarrollo, que no pueden superar los límites del mercado. La primera opción es materialmente imposible y la segunda se enfrenta al hecho de que los constantes avances técnicos crean a diario nuevas fuerzas productivas en todas las ramas de la producción.

Todavía hay un fenómeno que, según Bernstein, contradice la evolución del capitalismo como se ha expuesto: la "resuelta infantería" de las medianas empresas. En ellas ve Bernstein un signo de que el desarrollo de la gran industria no actúa de un modo tan revolucionario y no concentra tanto la industria como se derivaría de la teoría del hundimiento. Bernstein es aquí, de nuevo, víctima de su propia falta de comprensión. Porque es entender muy erróneamente el proceso de desarrollo de la gran industria esperar del mismo que vaya a hacer desaparecer la mediana empresa.

De acuerdo con Marx, la misión de los pequeños capitales en la marcha general del desarrollo capitalista es ser los pioneros del avance técnico, y ello en dos sentidos: introduciendo nuevos métodos de producción en ramas ya arraigadas de la producción y creando ramas nuevas todavía no explotadas por los grandes capitales.

Es completamente falso creer que la historia de la mediana empresa capitalista es una línea recta hacia su gradual desaparición. Por el contrario, el curso real de su desarrollo es puramente dialéctico y se mueve constantemente entre contradicciones. Las capas medias capitalistas, al igual que la clase obrera, se encuentran bajo la influencia de dos tendencias opuestas, una que tiende a elevarla y otra que tiende a hundirla. La tendencia descendente es el continuo aumento en la escala de la producción, que periódicamente supera las dimensiones de los capitales medios, expulsándolos repetidamente de la arena de la competencia mundial. La tendencia ascendente es la desvalorización periódica de los capitales existentes, que durante cierto tiempo rebaja la escala de la producción, en proporción al valor de la cantidad mínima de capital necesaria, y además paraliza temporalmente la penetración de la producción capitalista en nuevas esferas. No hay que imaginarse la lucha entre la mediana empresa y el gran capital como una batalla periódica en la que la parte más débil ve mermar directamente el número de sus tropas cada vez más, sino, más bien, como una siega periódica de pequeñas empresas, que vuelven a surgir con rapidez solamente para ser segadas de nuevo por la guadaña de la gran industria.

Ambas tendencias juegan a la pelota con las capas medias capitalistas, pero al final acaba por triunfar la tendencia descendente, a diferencia de lo que ocurre con el proletariado. Sin embargo, este triunfo no se manifiesta necesariamente en una disminución del número absoluto de medianas empresas, sino en el progresivo aumento del capital mínimo necesario para la subsistencia de las empresas en las ramas viejas de la producción y en la constante reducción del lapso de tiempo durante el que los pequeños capitalistas se benefician de la explotación de las ramas nuevas. De todo esto se deriva, para el pequeño capitalista individual, un cada vez más corto plazo de permanencia en las nuevas industrias y un cada vez más rápido ritmo de cambio en los métodos de producción y en la naturaleza de las inversiones; y para las capas medias en su conjunto, un proceso cada vez más rápido de cambio en la posición social.

Esto último lo sabe muy bien Bernstein y procede a comentarlo. Pero lo que parece olvidar es que en eso consiste la ley misma del movimiento de la mediana empresa capitalista. Si se admite que los pequeños capitales son los pioneros del progreso técnico y si es verdad que éste es el pulso vital de la economía capitalista, entonces resulta que los pequeños capitales son parte integral del desarrollo capitalista y que únicamente podrán desaparecer cuando dicho desarrollo desaparezca. La desaparición gradual de la mediana empresa —en el sentido absoluto de la estadística matemática, que es de lo que habla Bernstein— no significaría el avance revolucionario del desarrollo capitalista, como Bernstein cree, sino su ralentización y estancamiento:

"La tasa de beneficio, es decir, el crecimiento relativo de capital, es importante ante todo para los nuevos inversores de capital, que se agrupan por su cuenta. En cuanto la formación de capital recayera exclusivamente en manos de algunos grandes capitales [...] el fuego vivificador de la producción acabaría apagándose, se consumiría" [Carlos Marx, *El capital*, libro tercero].

[A continuación, este capítulo terminaba con el párrafo encerrado entre corchetes. En la segunda edición de *Reforma o revolución*, Rosa lo suprimió. N.K.]

[Los medios de adaptación bernsteinianos resultan, pues, ineficaces, y los fenómenos que él considera como síntomas de la "adaptación" se han de atribuir a causas completamente distintas.]

[Fin del párrafo suprimido en la segunda edición. N.K.]

el marxismo revolucionario y la ilusión de los "cambios graduales"

Desde fines del siglo XIX hasta hoy en día, periódicamente resurgen las ilusiones y las fantasías de ir regulando y reformando el capitalismo para lograr moderar su avidez de ganancia y trabajo impago. En función de esa ensoñación, los partidarios de la "evolución pacífica del capitalismo al socialismo" ponían como ejemplo el papel de los sindicatos en su negociación con las empresas. Así, no hacían más que concebir a los sindicatos como parte del engranaje capitalista, es decir, como elementos de "negociación" en función de un mejor reparto de la riqueza… sin alterar estructuralmente el orden capitalista. En tiempos de Bernstein, ese rol lo jugaban las aristocracias obreras — pequeña minoría privilegiada de la clase trabajadora totalmente integrada al sistema —. Hoy en día — un siglo después de aquellas polémicas — esa función la cumplen las burocracias sindicales, piezas integrantes y completamente funcionales al capitalismo, y también las burocracias parlamentarias de los partidos reformistas.

Cuestionando la falsedad de ese tipo de ilusiones políticas que sólo se limitan, en el mejor de los casos, a regular el sistema de explotación y dominación, Rosa impugna la ausencia de vocación de poder y la falta de un proyecto de transformación radical del orden burgués.

El siguiente capítulo, parte integrante de Reforma o revolución, *llevaba por título "Implantación del socialismo por medio de reformas sociales."*

Bernstein rechaza la validez de la "teoría del derrumbe" como vía histórica hacia la sociedad socialista. ¿Cuál es la vía que, partiendo de la "teoría de la adaptación del capitalismo", lleva a esa sociedad? Bernstein sólo ha contestado a esta pregunta indirectamente. El intento de responderla de modo más detallado en un sentido bernsteiniano lo ha hecho Konrad Schmidt [K.Schmidt [1863-1932] era un economista alemán que evolucionó hacia el reformismo con posiciones similares a las de Bernstein. N.K.]. Según él, "la lucha sindical y la lucha política por las reformas sociales irán introduciendo un control social cada vez más extenso sobre las condiciones de la producción" y, a través de la legislación, "irán reduciendo progresivamente a los capitalistas a la función de administradores, por medio de la merma de sus derechos", hasta que finalmente "se despoje al capitalista, que habrá ido viendo cómo su propiedad iba desvalorizándose, también de la dirección y administración de la empresa", implantándose así finalmente la empresa social.

Así pues, los medios para la implantación paulatina del socialismo son los sindicatos, las reformas sociales y también, como añade Bernstein, la democratización política del Estado.

A fin de comenzar con los sindicatos, su función más importante —que nadie ha sabido mostrar mejor que el propio Bernstein en el año 1891, en *Neue Zeit*— consiste en proporcionar a los trabajadores un instrumento para realizar la ley capitalista del salario, es decir, la venta de su fuerza de trabajo a precio de mercado. Los sindicatos permiten al proletariado aprovecharse en cada momento de la coyuntura del mercado. Pero los factores de la coyuntura misma —la demanda de fuerza de trabajo (determinada por el desarrollo de la producción), la oferta de fuerza de trabajo (originada por la proletarización de las capas medias y la reproducción natural de la clase obrera) y, finalmente, el momentáneo nivel de productividad del trabajo— quedan fuera de la esfera de influencia del sindicato. Los sindicatos, por tanto, no pueden abolir la ley capitalista del salario. En las circunstancias más favorables pueden reducir la explotación capitalista hasta los límites "normales" de un momento dado, pero no pueden eliminarla, ni siquiera gradualmente.

Por lo demás, Konrad Schmidt ve al movimiento sindical actual en un "débil estadio inicial" y espera que en el futuro "el movimiento sindical ejerza progresivamente una influencia cada vez mayor sobre la regulación de la producción". Pero por "regulación de la producción" sólo cabe entender dos cosas: la intervención en el aspecto técnico del proceso productivo o la determinación del volumen mismo de la producción. ¿De qué tipo puede ser la influencia de los sindicatos en estos dos casos?

Es claro que, por lo que respecta a la técnica de la producción, el interés de los capitalistas coincide, en cierta medida, con el progreso y el desarrollo de la economía capitalista. Su propio interés lleva al capitalista a mejorar sus técnicas. Pero el trabajador individual afectado se encuentra en una posición opuesta. Cada transformación técnica entra en conflicto con sus intereses, ya que empeora su situación inmediata porque deprecia el valor de su fuerza de trabajo y hace el propio trabajo más intensivo, más monótono y más penoso.

Si el sindicato puede intervenir en el aspecto técnico de la producción, evidentemente tiene que hacerlo en defensa de los grupos de trabajadores afectados directamente, es decir, oponiéndose a las innovaciones. En este caso, pues, el sindicato no actúa en interés de la totalidad de la clase obrera y de su emancipación —que coincide, más bien, con el progreso técnico, esto es, con el interés del capitalista aislado—, sino que actúa en un sentido reaccionario. En efecto, lo cierto es que la pretensión de influir en el aspecto técnico de la producción no ha de buscarse en el futuro del movimiento sindical, como hace Konrad Schmidt, sino en su pasado. Esta pretensión caracterizó la fase primitiva del tradeunionismo [Las Trade Unions son los sindicatos británicos, surgidos a comienzos del siglo XIX y que en 1868 se unificaron en el Trade Unions Congress (TUC). Habitualmente se los adopta como ejemplo clásico del sindicalismo puramente económico-corporativo, que se limita a la lucha meramente reivindicativa. N.K.] inglés (hasta 1860), cuando todavía conservaba restos de las tradiciones gremialistas medievales y se inspiraba en el anticuado principio de "derecho adquirido a un trabajo adecuado". [Véase Webb, Teoría y práctica del movimiento obrero británico, tomo II, pp. 100 y ss.].

Por el contrario, la aspiración de los sindicatos a determinar el volumen de la producción y los precios de las mercancías es completamente nueva. Sólo recientemente hemos comenzado a ver esfuerzos encaminados en esa dirección, y de nuevo en Inglaterra. [Webb, Obra citada. Tomo II, pp. 115 y ss.]. Estas aspiraciones, sin embargo, son exactamente iguales a las anteriores por su carácter y su tendencia. Porque, ¿a qué equivale la participación activa del sindicato en la determinación del volumen y los precios de la producción? A la formación de un cártel de trabajadores y empresarios contra los consumidores y contra los empresarios de la competencia, utilizando además medidas coercitivas que nada tienen que envidiar a las de los cárteles empresariales. Esto ya no es una lucha entre el capital y el trabajo, sino una alianza solidaria de ambos contra los consumidores. En cuanto a su valor social, es una aspiración reaccionaria que no puede ser una etapa de la lucha del proletariado por su emancipación porque representa justamente lo contrario a la lucha de clases. En cuanto a su valor práctico, es una utopía que nunca podrá extenderse a las grandes ramas industriales que produzcan para el mercado mundial, como se puede apreciar con una pequeña reflexión.

Por tanto, el campo de actuación de los sindicatos se limita esencialmente a la lucha por el aumento de salarios y la reducción de la jornada laboral, es decir, a regular la explotación capitalista según las condiciones del mercado. En cambio, la propia naturaleza de las cosas les impide influir en el proceso productivo. Es más, el desarrollo del movimiento sindical tiende a ir en dirección a la separación completa entre el mercado de trabajo y el mercado del resto de las mercancías, precisamente lo contrario de lo que supone Konrad Schmidt. Y las pruebas más significativas de esto son que los intentos de vincular el contrato de trabajo con la situación general de la producción, aunque sea pasivamente por medio de una escala móvil de salarios, han sido superados por el desarrollo histórico y que las trade unions británicas se alejan cada vez más de dichos intentos. [Webb, Obra citada. tomo II, p. 115].

Y tampoco dentro de los límites reales de su influencia camina el movimiento sindical hacia su expansión ilimitada, como supone la teoría de la adaptación del capital. Todo lo contrario: si examinamos los principales factores del desarrollo social, se percibe que en términos generales no nos aproximamos a una época de expansión victoriosa, sino más bien de dificultades crecientes para el movimiento sindical. Una vez la industria haya alcanzado el punto álgido de su desarrollo y el capitalismo comience su fase de declive en el mercado mundial, la lucha sindical se hará doblemente difícil. En primer lugar, la coyuntura objetiva del mercado será menos favorable para la fuerza de trabajo en la medida en que la demanda de la misma aumente a un ritmo menor que su oferta. En segundo lugar, a fin de compensar las pérdidas sufridas en el mercado mundial, los capitalistas harán un esfuerzo incluso mayor que en el presente para reducir la parte del producto que va a los trabajadores. La reducción de los salarios es uno de los medios más importantes para contener la caída de la tasa de ganancia. [Carlos Marx, *El capital*, libro tercero].

Inglaterra nos ofrece ya la imagen del comienzo de la segunda etapa del movimiento sindical: cada vez más se ve reducido, por necesidad, a la mera defensa de lo ya conseguido, e incluso esto resulta cada vez más difícil. Esta es la tendencia general en la sociedad, y la única respuesta que cabe a la misma es el desarrollo del aspecto político socialista de la lucha de clases.

Konrad Schmidt comete el mismo error de perspectiva histórica con relación a las reformas sociales, de las que espera que "junto con los sindicatos, impongan a la clase capitalista las condiciones bajo las cuales podrá emplear la fuerza de trabajo".

Interpretar así la reforma social lleva a Bernstein a considerar la legislación laboral como un trozo de "control social" y, por tanto, un trozo de socialismo. Igualmente, Konrad Schmidt siempre habla de "control social" cuando se refiere a las leyes de protección de los trabajadores, y una vez que ha transformado tan felizmente el Estado en sociedad, añade, seguro de sí mismo, "es decir, la clase obrera ascendente", de forma que, a través de esta operación, las inofensivas medidas de protección del trabajador promulgadas por el Senado alemán se transforman en medidas socialistas transicionales supuestamente promulgadas por el proletariado.

La mistificación resulta evidente. El Estado actual no es la "sociedad" que representa a la "clase obrera ascendente", sino el representante de la sociedad capitalista, es decir, es un Estado de clase. Por este motivo, las reformas sociales que el Estado acomete no son medidas de "control social" —esto es, el control de una sociedad libre sobre el proceso de su propio trabajo—, sino medidas de control de la organización de clase del capital sobre el proceso de producción capitalista. Es decir, las "reformas sociales" encontrarán sus límites naturales en el interés del capital. Por supuesto, Bernstein y Konrad Schmidt sólo ven por ahora "débiles comienzos", pero esperan en el futuro una secuencia infinita de reformas sociales favorables a la clase obrera. Cometen aquí el mismo error que cuando suponen una expansión ilimitada del poder del movimiento sindical.

La teoría de la implantación gradual del socialismo a través de reformas sociales requiere, como condición básica, un determinado desarrollo objetivo de la propiedad y el Estado capitalistas. Respecto a lo primero, Konrad Schmidt cree que, en el futuro, "los propietarios capitalistas se verán progresivamente reducidos a la función de administradores, debido a una limitación de sus derechos". Dado que ve imposible expropiar repentinamente y de una sola vez los medios de producción, Konrad Schmidt se saca de la manga una teoría de expropiación por etapas. Para ello presupone una división del derecho de propiedad en una "superpropiedad" (que atribuye a la "sociedad" y que pretende se vaya ampliando de continuo) y un derecho de usufructo (en manos de los capitalistas, pero que se irá reduciendo hasta llegar a una mera administración de sus empresas).

Ahora bien, o esta suposición es un mero juego de palabras sin mayores consecuencias, lo que deja a la teoría de la expropiación por etapas sin ningún respaldo, o es un esquema seriamente pensado del desarrollo jurídico, en cuyo caso es completamente erróneo. La división del derecho de propiedad en varios derechos parciales, argumento al que recurre Konrad Schmidt para demostrar su "expropiación por etapas" del capital, es típica de la sociedad feudal, que se basaba en la economía natural, en la cual la distribución del producto entre las distintas clases sociales se hacía en bienes naturales y en razón de las relaciones personales entre los señores feudales y sus siervos.

La división de la propiedad en distintos derechos parciales se correspondía con la manera de distribuir la riqueza social. Con el paso a la producción mercantil y la disolución de los lazos personales entre los individuos participantes en el proceso productivo, se fortaleció, por el contrario, la relación entre personas y cosas, es decir, la propiedad privada. Dado que la distribución ya no queda determinada por las relaciones personales, sino por el intercambio, los diversos derechos de participación en la riqueza social ya no se miden dividiendo el derecho de propiedad sobre un objeto determinado, sino a través del valor que cada cual aporta al mercado.

El primer cambio introducido en las relaciones jurídicas por el surgimiento de la producción mercantil en las comunas de las ciudades medievales fue la aparición, en el seno de unas relaciones jurídicas feudales basadas en la propiedad dividida, de una propiedad privada absolutamente cerrada. Esta evolución sigue avanzando a buen ritmo en la producción capitalista. Cuanto más se socializa el proceso de producción, tanto más descansa sobre el intercambio el proceso de distribución; y cuanto más intocable y cerrada se hace la propiedad privada capitalista, tanto más esta propiedad se convierte de un derecho al producto del propio trabajo en un simple derecho de apropiación del trabajo ajeno. Mientras sea el propio capitalista quien dirija la fábrica, la distribución estará ligada, hasta cierto punto, a su participación personal en el proceso productivo. Pero en la medida en que la dirección personal del fabricante se hace superflua, como es el caso hoy en día de las sociedades anónimas, la propiedad del capital, como título de derechos en el reparto de la riqueza, se separa por completo de las relaciones personales con la producción y aparece así en su forma más pura. El derecho capitalista de propiedad alcanza su expresión más acabada en el capital por acciones y el crédito industrial.

El esquema histórico de la evolución del capitalista expuesto por Konrad Schmidt —de propietario a mero administrador— es desmentido por el desarrollo histórico real, que, por el contrario, tiende a convertir al propietario y administrador en mero propietario. A Konrad Schmidt le sucede lo que a Goethe: "Se le antoja lejano lo que posee / y cercano lo que desaparece".

Al igual que en lo económico el esquema histórico de Schmidt retrocede de la sociedad anónima moderna a la manufactura o incluso al taller artesanal, también en lo jurídico pretende hacer volver el mundo capitalista al cascarón feudal de la economía natural.

También desde este punto de vista el "control social" tiene un aspecto distinto al que Konrad Schmidt le atribuye. Lo que hoy hace las veces de "control social" —la legislación laboral, la vigilancia de las sociedades anónimas, etc.— no tiene absolutamente nada que ver con ninguna participación en el derecho de propiedad, con su "superpropiedad".

Este "control social" no limita la propiedad capitalista, sino que la protege. O dicho en términos económicos: no es una amenaza a la explotación capitalista, sino simplemente una regulación de la misma. Y cuando Bernstein se pregunta cuánto socialismo contiene una ley laboral, podemos asegurarle que la mejor ley laboral contiene el mismo "socialismo" que las ordenanzas municipales acerca de la limpieza de las calles o el encendido de las farolas, que indudablemente también son "control social".

la dimensión subjetiva de la política

La respuesta de Rosa al revisionismo en Reforma o Revolución, *aunque todavía se mueve dentro de los parámetros de la ortodoxia marxista de la II Internacional, ya bosqueja los núcleos teóricos fundamentales que la conducirán más tarde a romper no únicamente con Bernstein sino también con Kautsky; no sólo con el "revisionismo" sino también con los "ortodoxos".*

A partir de un análisis de las contradicciones objetivas del régimen capitalista − que generan su crisis − Rosa apela a la dimensión subjetiva de la lucha de clases, a la intervención consciente de los trabajadores en el devenir de la historia. En la siguiente crítica al reformismo revisionista se dejan entrever no pocos matices que ya en 1900 diferenciaban a Rosa Luxemburgo de la canonización oficial del marxismo, extremadamente objetivista, realizada en ese entonces por Karl Kautsky y Jorge Plejanov. En esa apuesta a la dimensión subjetiva de la política y a la intervención activa − nunca pasiva − en la historia, este escrito marca sin duda una clara línea de convergencia con el pensamiento de Lenin, Trotsky, Gramsci, Lukács y el Che Guevara, entre muchos otros revolucionarios del mundo.

El texto llevaba originalmente por título "Consecuencias prácticas y carácter general del revisionismo".

En el primer capítulo hemos intentado demostrar que la teoría bernsteiniana, en lo que a sus fundamentos teóricos se refiere, priva al programa socialista de su base material y trata de darle una base idealista. Pero, ¿qué ocurre cuando la teoría se traslada a la práctica? A primera vista, su práctica no parece diferir de la seguida hasta ahora por la socialdemocracia. Los sindicatos, la lucha por reformas sociales y la democratización de las instituciones políticas es habitualmente el contenido formal de la actividad del partido socialdemócrata. Pero la diferencia no estriba en el *qué,* sino en el *cómo.*

En la situación actual, la lucha sindical y la práctica parlamentaria están consideradas como los medios de educar y conducir poco a poco al proletariado hacia la toma del poder político. Sin embargo, en la concepción revisionista, esa conquista del poder se ve imposible e inútil, por lo que el partido sólo debe considerar los resultados inmediatos de su actividad sindical y parlamentaria, es decir, la mejora de la situación material de los trabajadores, la limitación paulatina de la explotación capitalista y la ampliación del control social.

Si se prescinde del objetivo de la mejora inmediata de la situación de los trabajadores —común a ambas concepciones, la habitual hasta ahora en el partido y la revisionista—, la diferencia entre ellas, en pocas palabras, es que, para la primera, la lucha sindical y política es importante porque prepara al proletariado para la tarea de construir el socialismo, es decir, crea el factor subjetivo de la transformación socialista; en cambio, para Bernstein, es importante porque la lucha sindical y política limita gradualmente la explotación capitalista, despoja progresivamente a la sociedad capitalista de su carácter capitalista, la impregna de un carácter socialista, es decir, lleva adelante, en un sentido objetivo, la transformación socialista. Examinando la cuestión con más detalle, puede verse que las dos concepciones son diametralmente opuestas. En la concepción habitual del partido, la lucha sindical y política permite que el proletariado comprenda que es imposible que tal lucha cambie de forma fundamental su situación y que debe inevitablemente conquistar el poder político. La concepción de Bernstein, en cambio, parte del supuesto de que es imposible conquistar el poder político, por lo que la implantación del socialismo sólo puede venir de la mano de la actividad sindical y política.

Según la concepción bernsteiniana, el carácter socialista de la lucha sindical y política reside en que su influencia socializa gradualmente la economía capitalista. Pero, como hemos tratado de demostrar, esta influencia es una fantasía. El Estado y la propiedad capitalista van en direcciones opuestas. Por tanto, la actividad práctica cotidiana de la socialdemocracia pierde, en última instancia, toda relación con el socialismo. La lucha sindical y política adquiere su relevancia y su auténtico carácter socialista en la medida en que socializa el conocimiento del proletariado, su conciencia, y ayuda a organizarlo como clase. Pero si es considerada como un instrumento de socialización de la economía capitalista, no sólo pierde su usual eficacia, sino que también deja de ser una herramienta para preparar a la clase obrera para la toma del poder.

Constituye, por tanto, una equivocación completa que Eduard Bernstein y Konrad Schmidt se consuelen pensando que reducir la lucha del partido al trabajo sindical ordinario y a la obtención de reformas sociales no significa abandonar el objetivo último porque cualquier paso en aquel terreno repercute sobre éste, nos acerca a él, dado que la meta socialista reside inherentemente, como una tendencia, en cualquier avance. Este es el caso en la táctica actual de la socialdemocracia alemana, donde la aspiración consciente y firme a la conquista del poder político precede y orienta las luchas sindicales y por reformas sociales. Separar esta aspiración previa del movimiento y considerar las reformas sociales como un fin en sí mismo no nos lleva a la realización del objetivo último del socialismo, sino que nos aleja de él.

Konrad Schmidt confía simplemente en una especie de movimiento mecánico que, una vez en marcha, ya no puede detenerse por sí solo, por la simple razón de que comiendo se abre el apetito, y en que la clase obrera no se dará por satisfecha con reformas mientras no se realice la transformación socialista. Este último supuesto es evidentemente correcto, como nos lo garantiza la insuficiencia de la propia reforma social capitalista, pero la conclusión que de él se extrae únicamente podría ser cierta si en verdad se pudiera pasar del orden social actual al socialista a través de una sucesión ininterrumpida de reformas sociales cada vez mayores. Esto, por supuesto, es una ilusión. La sucesión se interrumpe muy pronto por razón de la naturaleza misma de las cosas, y los caminos que a partir de ese punto puede seguir el movimiento son múltiples.

Lo más probable es un cambio de táctica con el fin de alcanzar, a toda costa, resultados prácticos de la lucha, es decir, reformas sociales. Y tan pronto como el principal objetivo de nuestra actividad sean los resultados inmediatos, la irreconciliable posición principista de clase, que sólo tiene sentido en el marco de una política que se propone la conquista del poder, se convertirá en un estorbo. Las consecuencias directas de esto serán una "política de compensaciones" —o sea, una política de compromisos, de toma y saca— y una actitud conciliadora con "visión de Estado". Pero el movimiento no puede verse parado por mucho tiempo. Puesto que bajo el capitalismo las reformas sociales son, se aplique la táctica que se aplique, una vía muerta, la consecuencia lógica de tal programa será la desilusión con la reforma social, es decir, la arribada al tranquilo puerto en el que echaron anclas los profesores Schmoller y compañía estudiando soluciones a gusto de las dos partes, quienes, después de navegar por las aguas de las reformas sociales, terminaron dejándolo todo en manos de Dios. [En el año 1872, los profesores Wagner, Schmoller, Brentano y otros celebraron en Eisenach un congreso en el que proclamaron, entre grandes alharacas, que su meta era la implantación de las reformas sociales, para la protección de la clase obrera. Estos mismos caballeros, a los que el liberal Oppenheimer calificó irónicamente de "socialistas de cátedra", se apresuraron a fundar la Sociedad para la Reforma Social. Algunos años más tarde, al agravarse la lucha contra la socialdemocracia, votaron en el Parlamento a favor de la prórroga de la Ley Antisocialista. Por lo demás, toda la actividad de la Sociedad consiste en asambleas generales anuales en las que se presentan ponencias profesorales; además, ha publicado cien voluminosos tomos sobre cuestiones económicas. Estos profesores, que también son partidarios de las tarifas arancelarias, el militarismo, etc., no han hecho nada por la reforma social. Últimamente la Sociedad ha abandonado el tema de las reformas sociales y se ocupa de las crisis, los cárteles, etc.] [Entre corchetes, nota aclaratoria de Rosa Luxemburgo].

El socialismo no surge automáticamente y bajo cualquier circunstancia de la lucha cotidiana de la clase obrera, sino que sólo puede ser consecuencia de las cada vez más agudas contradicciones de la economía capitalista y del convencimiento, por parte de la clase obrera, de la necesidad de superar tales contradicciones a través de una revolución social. Si se niega lo primero y se rechaza lo segundo, como hace el revisionismo, el movimiento obrero se ve reducido a mero sindicalismo y reformismo, lo que, por su propia dinámica, acaba en última instancia llevando al abandono del punto de vista de clase.

Esta consecuencia también es evidente si estudiamos el carácter general del revisionismo. Es obvio que el revisionismo no descansa sobre la misma base que las relaciones de producción capitalistas y no niega las contradicciones del capitalismo, como hacen los economistas burgueses; al contrario, al igual que la teoría marxista, parte de la existencia de esas contradicciones. Pero, sin embargo, el punto central de la concepción revisionista — y a la vez su diferencia fundamental con la concepción socialdemócrata hasta el momento— es que no basa su teoría en la superación de esas contradicciones como resultado del desarrollo inherente al capitalismo. La teoría revisionista equidista de dos extremos: no pretende elevar las contradicciones del capitalismo al máximo para poder eliminarlas mediante la acción revolucionaria, sino que quiere atenuar esas contradicciones. Así, los cárteles empresariales y la desaparición de las crisis disminuirán la contradicción entre producción e intercambio, la mejora de la situación del proletariado y la preservación de las clases medias debilitará la contradicción entre capital y trabajo, y el aumento del control público y el progreso de la democracia suavizarán la contradicción entre el Estado de clase y la sociedad.

La táctica habitual de la socialdemocracia no consiste en esperar la agudización extrema de las contradicciones capitalistas hasta que se produzca un cambio, sino que la esencia de toda táctica revolucionaria consiste en, apoyándose en la dirección del desarrollo capitalista una vez ésta es conocida, extraer las orientaciones necesarias para la lucha política, a fin de llevarla a sus últimas consecuencias. Así, la socialdemocracia combate en todo momento el proteccionismo y el militarismo, sin esperar a que hayan demostrado de forma evidente su carácter reaccionario. Bernstein, en cambio, no basa su táctica en la perspectiva de agudización de las contradicciones a resultas del desarrollo del capitalismo, sino en la perspectiva de su dulcificación. Él mismo lo expresa del modo más acertado cuando habla de la "adaptación" de la economía capitalista. Ahora bien, ¿cuándo sería correcta esta concepción? Todas las contradicciones de la sociedad actual son el resultado del modo de producción capitalista. Si el capitalismo se sigue desarrollando en la dirección en que lo ha hecho hasta ahora, sus contradicciones inherentes, lejos de atenuarse, se agravarán. Las contradicciones del capitalismo sólo se podrían atenuar si el propio modo de producción capitalista frenase su desarrollo. En una palabra, la premisa fundamental de la teoría de Bernstein es la interrupción del desarrollo capitalista.

Con ello, sin embargo, su teoría se sentencia a sí misma, y por partida doble. En primer lugar, pone al descubierto su carácter utópico con respecto al objetivo último socialista, dado que desde un principio está bien claro que el estancamiento del desarrollo capitalista no puede conducir a una transformación socialista, confirmándose así nuestro análisis de las consecuencias prácticas de dicha teoría; en segundo lugar, la teoría de Bernstein revela su carácter reaccionario con respecto al rápido desarrollo del capitalismo que está teniendo lugar actualmente. Se plantea aquí la pregunta: a la vista de este desarrollo capitalista real, ¿cómo explicar o, más bien, cómo caracterizar la posición de Bernstein?

Creemos haber demostrado la falsedad de las premisas económicas en que Bernstein sustenta su análisis de las relaciones económicas actuales, esto es, su teoría de la "adaptación" capitalista. En esa sección vimos que el crédito y los cárteles no se podían considerar como "medios de adaptación" de la economía capitalista, al igual que la desaparición momentánea de las crisis o la preservación de las clases medias tampoco se podían considerar como síntomas de la adaptación capitalista. Ahora bien, además de su carácter erróneo, todos los detalles mencionados de la teoría de la adaptación comparten un rasgo característico: la teoría de Bernstein no contempla los fenómenos de la vida económica en su relación orgánica con el desarrollo capitalista en su conjunto, en sus conexiones con todo el mecanismo económico, sino que los ve separados de estas conexiones, los aísla de su contexto económico, como piezas sueltas de una máquina sin vida.

Por ejemplo, su concepción del efecto adaptador del crédito. Si se considera el crédito como una fase natural superior de las contradicciones inherentes a la distribución capitalista, entonces es imposible verlo como un "medio de adaptación" mecánico y externo al propio proceso de intercambio, exactamente igual que el dinero, la mercancía o el capital no pueden ser considerados "medios de adaptación" del capitalismo. Sin embargo, el crédito es un eslabón orgánico de la economía capitalista en una etapa determinada de su desarrollo, exactamente igual que el dinero, la mercancía y el capital. Y como ellos, también es al mismo tiempo un eslabón imprescindible de todo el mecanismo y un instrumento de destrucción, dado que agudiza las contradicciones internas del capitalismo. Lo mismo puede decirse de los cárteles y de los modernos medios de comunicación.

La misma concepción mecánica y antidialéctica subyace en el modo en que Bernstein interpreta la desaparición de las crisis como un síntoma de la "adaptación" de la economía capitalista. Para él, las crisis son simples "trastornos" del mecanismo económico, que funcionaría bien si no se produjeran. Sin embargo, las crisis no son "trastornos" en el sentido habitual de la palabra, puesto que sin ellas la economía capitalista no se podría desarrollar. Si las crisis son el único método posible —y, por tanto, el normal— que tiene el capitalismo de resolver periódicamente el conflicto entre la ilimitada capacidad de expansión de la producción y los estrechos límites del mercado, entonces las crisis resultan ser manifestaciones orgánicas inherentes a la economía capitalista.

Un progreso "sin trastornos" de la producción capitalista encierra para ésta un peligro mayor que las propias crisis: la caída continua —no a resultas de la contradicción entre producción y distribución, sino del aumento de la productividad del trabajo— de la tasa de ganancia. Esta caída muestra una tendencia sumamente peligrosa a imposibilitar la entrada en la producción a los capitales pequeños y medianos, limitando así la formación de nuevos capitales y, por tanto, las inversiones. Y son precisamente las crisis, la otra consecuencia del mismo proceso, las que facilitan —a través de la depreciación periódica del capital, el abaratamiento de los medios de producción y la paralización de una parte del capital activo— el aumento de la tasa de ganancia, ya que crean nuevas posibilidades de inversión, lo que hace

progresar la producción. Las crisis, pues, sirven para avivar el
fuego del desarrollo capitalista, de forma que su desaparición
definitiva —y no momentánea, como nosotros pensamos— del
proceso de formación del mercado mundial no contribuiría a que la
economía capitalista prosperase, como cree Bernstein, sino que la
abocaría directamente al estancamiento. Debido a la visión
mecanicista que caracteriza a la teoría de la adaptación, Bernstein
olvida tanto la necesidad de las crisis como la necesidad de
nuevas y cada vez mayores inversiones de pequeños y medianos
capitales, razón por la cual, entre otras cosas, interpreta el continuo
renacimiento del pequeño capital como un signo del cese del
desarrollo capitalista, y no como una manifestación del desarrollo
capitalista normal, que es lo que en realidad es.

Existe, sin embargo, un punto de vista desde el cual todos los
fenómenos citados se manifiestan tal como los presenta la "teoría
de la adaptación": el punto de vista del capitalista individual, que ve
los hechos de la vida económica distorsionados por las leyes de la
competencia. El capitalista individual ve las diferentes partes
orgánicas del todo económico como entidades independientes, y
las ve solamente en la medida que le afectan a él, y por tanto las
considera como meros "trastornos" o meros "medios de
adaptación". Para el capitalista individual, las crisis son meros
trastornos cuya desaparición le otorga un plazo de vida más largo,
el crédito es un medio de "adaptar" sus insuficientes fuerzas
productivas a las exigencias del mercado y el cártel al que
pertenece elimina realmente la anarquía de la producción.

En una palabra, la teoría de Bernstein de la adaptación del
capitalismo no es más que una generalización teórica de las
concepciones del capitalista individual. ¿Y qué otra cosa son estas
concepciones, en su expresión teórica, sino lo esencial y
característico de la economía vulgar burguesa? Todos los errores
económicos de esta escuela descansan precisamente sobre la
equivocación de considerar como propios del conjunto de la

economía capitalista ciertos fenómenos de la competencia tal y como los ve el capitalista individual. Igual que hace Bernstein con el crédito, la economía vulgar entiende el dinero como un ingenioso "medio de adaptación" a las necesidades del intercambio y busca en los propios fenómenos del capitalismo el antídoto contra los males de este sistema. La economía vulgar cree, al igual que Bernstein, en la posibilidad de regular la economía capitalista y, como la teoría bernsteiniana, su objetivo en última instancia es la suavización de las contradicciones del capitalismo y la reparación de sus heridas. En otras palabras, acaba suscribiendo un modo de proceder reaccionario, en vez de revolucionario, y por ello acaba en una utopía.

En conjunto, la teoría revisionista se puede caracterizar así: una teoría del estancamiento del movimiento socialista basada en una teoría del estancamiento capitalista propia de la economía vulgar.

¿cambiar el mundo sin tomar el poder?

Durante la última década, luego de la crisis y el derrumbe del socialismo burocrático y autoritario de la Europa del Este, distintos relatos posmodernos han difundido el dogma de que para cambiar la sociedad... no haría falta tomar el poder. Por otras vías, con otro lenguaje, con otras citas de referencia, las descosidas ilusiones del antiguo reformismo retornan al centro de la escena. Una vez más, se vuelve a repetir que es posible transformar el mundo... sin revolución, sin "saltos abruptos", sin grandes conmociones sociales.

Bien vale la pena, entonces, volver a visitar este escrito de Rosa, quien como otros revolucionarios posteriores, dedicó lo mejor de sus energías físicas e intelectuales a construir una fuerza social colectiva que pudiera enfrentar y derrotar el poder de la clase capitalista.

El texto, que formaba parte de Reforma o revolución, *tiene apabullante actualidad para los debates que hoy recorren el movimiento de los movimientos (contra la globalización capitalista). Llevaba originariamente por título: "La conquista del poder político".*

Como se ha comprobado, la suerte de la democracia está ligada a la del movimiento obrero. ¿Quiere esto decir que, en el mejor de los casos, el desarrollo de la democracia hace innecesaria o imposible una revolución proletaria, en el sentido de apropiación del poder del Estado, de conquista del poder político?

Bernstein contesta a esta cuestión ponderando

minuciosamente el lado bueno y el lado malo de la reforma y de la revolución, y lo hace con tal mimo y parsimonia que parece estar despachando especias en una de sus cooperativas de consumo.

Para Bernstein, si el desarrollo histórico transcurre por el curso legal, será consecuencia de la "inteligencia", y si transcurre por el revolucionario, del "sentimiento". En la actividad política reformista ve un método lento de progreso histórico; en la revolucionaria, uno rápido. En la legislación ve una fuerza metódica; en la revolución, una fuerza espontánea .

Es sabido que el reformador pequeñoburgués ve en todo una parte "buena" y otra "mala" y que le gusta picar de todos los platos. Pero la marcha real de los acontecimientos no se ve afectada por tales combinaciones y, de un manotazo, manda a los cuatro vientos los montoncitos cuidadosamente hacinados de "lados buenos" de todas las cosas del mundo. Históricamente, la reforma legal o la revolución se producen por razones más profundas que las ventajas o los inconvenientes de un procedimiento u otro.

En la historia de la sociedad burguesa, la reforma legal sirvió para fortalecer progresivamente a la clase ascendente, hasta que ésta se sintió lo bastante fuerte como para conquistar el poder político, derribar la totalidad del sistema jurídico existente y crear uno nuevo. Bernstein truena contra la conquista del poder político, a la que considera como una violenta teoría blanquista [referencia a la corriente política liderada por el revolucionario Auguste Blanqui. N.K.], e incurre así en la desgracia de considerar como un error blanquista lo que no es más que la piedra angular y fuerza motriz de la historia humana durante siglos. Desde la aparición de la sociedad de clases, cuyo contenido esencial es la lucha entre esas clases, la conquista del poder político siempre es el objetivo de toda clase ascendente. Este es, al mismo tiempo, el principio y el final de cada período histórico. Así, en la antigua Roma vemos la prolongada lucha del campesinado contra los financieros y la nobleza; en las ciudades medievales, la lucha de los artesanos

contra la nobleza; y en la Edad Moderna, la lucha de la burguesía
contra el feudalismo.

La reforma y la revolución no son, por tanto, distintos métodos
de progreso histórico que puedan elegirse libremente en el
mostrador de la historia, como cuando se eligen salchichas
calientes o frías, sino que son momentos distintos en el desarrollo
de la sociedad de clases, que se condicionan y complementan
entre sí y al mismo tiempo se excluyen mutuamente, como el Polo
Norte y el Polo Sur o la burguesía y el proletariado.

Toda constitución legal no es más que un producto de la
revolución. En la historia de las clases, la revolución es el acto
político creador, mientras la legislación sólo expresa la pervivencia
política de una sociedad. La reforma legal no posee impulso
propio, independiente de la revolución, sino que en cada período
histórico se mueve en la dirección marcada por el empujón de la
última revolución y mientras ese impulso dure. O dicho más
concretamente: sólo se mueve en el contexto del orden social
establecido por la última revolución. Este es el punto crucial de la
cuestión.

Es absolutamente falso y completamente ahistórico considerar
las reformas como una revolución ampliada y, a su vez, la
revolución como una serie de reformas concentradas. La reforma y
la revolución no se distinguen por su duración, sino por su esencia.
Todo el secreto de los cambios históricos a través de la utilización
del poder político reside precisamente en la transformación de
cambios meramente cuantitativos en una cualidad nueva; dicho
más concretamente, en la transición de un período histórico —un
orden social— a otro.

Por lo tanto, quien se pronuncia por el camino reformista en
lugar de y en oposición a la conquista del poder político y a la
revolución social no elige en realidad un camino más tranquilo,
seguro y lento hacia el mismo objetivo, sino un objetivo diferente:
en lugar de la implantación de una nueva sociedad, elige unas

modificaciones insustanciales de la antigua. De este modo, siguiendo las concepciones políticas del revisionismo se llega a la misma conclusión que estudiando sus teorías económicas: no busca la realización del socialismo, sino la reforma del capitalismo, no busca la supresión del sistema de trabajo asalariado, sino la disminución de la explotación. En resumen, no busca la supresión del capitalismo, sino la atenuación de sus abusos. ¿Cabe pensar que lo dicho anteriormente sobre la función de la reforma o de la revolución sólo sea aplicable a la lucha de clases del pasado? ¿Es posible que de ahora en adelante, gracias al perfeccionamiento del sistema jurídico burgués, las reformas legislativas sean la vía para que la sociedad pase de una fase histórica a otra y que, por tanto, la conquista del poder del Estado por parte del proletariado se haya convertido en "una frase sin sentido", como dice Bernstein en su libro?

La realidad es justamente la contraria. ¿Qué distingue a la sociedad burguesa de las sociedades de clase precedentes, la antigua y la medieval? Precisamente la circunstancia de que la dominación de clase actual no descansa sobre unos "derechos adquiridos", sino sobre relaciones económicas materiales, sobre el hecho de que el trabajo asalariado no es una relación jurídica, sino puramente económica. En todo nuestro ordenamiento jurídico no se encuentra ni una sola fórmula legal que refleje la actual dominación de clase. Las pocas trazas que hay de ello son reminiscencias feudales, como es el caso de las ordenanzas del servicio doméstico.

¿Cómo es posible, por tanto, eliminar la esclavitud asalariada por "medios legales" cuando no encuentra expresión jurídica alguna? Bernstein, que pretende poner fin al capitalismo a través de reformas legales, se encuentra en la situación de aquel policía ruso cuya aventura cuenta Uspienski: "Rápidamente echó mano al cuello del tipo y, ¿qué sucedió? ¡Que el condenado no tenía cuello!".

Este es precisamente el problema de Bernstein.

"La historia de todas las sociedades hasta nuestros días es la historia de las luchas de clases" (K.Marx y F.Engels: *El manifiesto comunista*).

Pero en las fases anteriores a la sociedad moderna, este antagonismo se expresaba en ciertas relaciones jurídicas y, por este motivo, las nuevas relaciones podían ser acomodadas, hasta cierto punto, en el marco de las antiguas. "El siervo, en pleno régimen de servidumbre, llegó a miembro de la comuna" (*El manifiesto comunista*. Obra Citada.).

¿Cómo fue posible? A través de la paulatina eliminación, en el ámbito municipal, de todos los restos de privilegios feudales (prestaciones personales, contribuciones, vestimenta, diezmos y primicias, monedajes, matrimonios forzados, derecho de herencia, etc.) que conformaban la servidumbre.

Igualmente, "el pequeño burgués llegó a elevarse a la categoría de burgués bajo el yugo del absolutismo feudal" (Obra Citada). ¿De qué modo? A través de la eliminación parcial formal o por la suavización efectiva de los lazos gremiales, a través de la paulatina transformación de la administración, la hacienda y el ejército en la medida en que fue estrictamente necesario.

Examinando esta cuestión desde un punto de vista abstracto, en lugar de hacerlo históricamente, cabe al menos imaginar una transición legal y reformista desde la sociedad feudal a la burguesa, conforme a los esquemas revisionistas. Pero, ¿qué se desprende de ello en realidad? Que tampoco en esa transición consiguieron las reformas hacer innecesaria la conquista del poder político por la burguesía, sino que la prepararon y llevaron a cabo. Tanto para la abolición de la servidumbre como para la eliminación del feudalismo fue imprescindible una transformación político-social completa.

Las cosas son muy distintas en la actualidad. No es la ley, sino la necesidad y la carencia de medios de producción los que obligan al proletario a someterse al yugo del capital. Y no hay ley en el mundo que, en el marco de la sociedad burguesa, pueda darle al proletariado esos medios de producción porque no fue la ley la que le privó de ellos, sino el desarrollo económico.

Además, tampoco la explotación a través de las relaciones salariales depende de leyes, puesto que el nivel de los salarios no se decide por medio de regulaciones legales, sino de factores económicos. La explotación capitalista no descansa sobre disposiciones jurídicas, sino sobre la circunstancia puramente económica de que la fuerza de trabajo es una mercancía que, entre otras, posee la cómoda particularidad de producir valor, más valor del consumido en el mantenimiento del trabajador. En resumen, las relaciones fundamentales que sustentan la dominación de clase capitalista no pueden transformarse por medio de reformas legales dentro de la propia sociedad burguesa porque ni dichas relaciones se han introducido mediante leyes burguesas ni han recibido la forma de tales leyes. Bernstein no es consciente de esto cuando plantea una "reforma socialista", pero, aun ignorándolo, no deja de reconocerlo implícitamente en la página 10 de su libro, cuando escribe que "el motivo económico se muestra hoy abiertamente, mientras que anteriormente aparecía enmascarado bajo todo tipo de relaciones de dominación e ideologías".

Pero aún hay más. La otra peculiaridad del orden capitalista es que todos los elementos de la futura sociedad que en él existen asumen inicialmente una forma que no los aproxima al socialismo, sino que los aleja de éste. Cada vez se acentúa más el carácter social de la producción. ¿Bajo qué forma? Bajo la forma de gran empresa, sociedad anónima y cártel, en los que los antagonismos del capitalismo, la explotación y la opresión de la fuerza de trabajo, se elevan al máximo.

El desarrollo capitalista apunta en el ejército hacia la generalización del servicio militar obligatorio y la reducción del tiempo de servicio, es decir, desde un punto de vista material, hacia un acercamiento al ejército popular, pero bajo la forma del militarismo moderno, donde la dominación del pueblo por medio del Estado militarista pone al descubierto, del modo más crudo posible, el carácter de clase del Estado.

En cuanto a las relaciones políticas, el desarrollo de la democracia conduce, en la medida que encuentra condiciones favorables, a la participación de todas las capas populares en la vida política, es decir, en cierto modo, a una especie de "Estado popular". Pero esta participación adopta la forma del parlamentarismo burgués, donde los antagonismos y la dominación de clase no desaparecen, sino que se manifiestan con más claridad. Dado que todo el desarrollo capitalista se mueve a través de contradicciones, para poder extraer el meollo socialista de su cáscara capitalista antagónica que lo cubre el proletariado debe conquistar el poder político y eliminar completamente el capitalismo.

Por supuesto, las conclusiones de Bernstein son otras. Si el desarrollo de la democracia llevara a una agudización de las contradicciones capitalistas, y no a un debilitamiento, entonces, nos dice, "la socialdemocracia, para no hacerse más difícil su tarea, tendría que esforzarse por hacer fracasar las reformas sociales y la extensión de las instituciones democráticas, en la medida que pudiera".

Ciertamente, esto sería lo correcto si la socialdemocracia, conforme al modelo pequeñoburgués, encontrara placer en la tarea inútil de elegir los lados buenos de la historia y eliminar los malos. Pero entonces, en consecuencia, también tendría que "esforzarse por hacer fracasar" el capitalismo, porque éste es, sin duda alguna, el principal malvado que obstaculiza el camino del socialismo. En realidad, el capitalismo ofrece, además de los obstáculos, las únicas posibilidades de realizar el programa socialista. Otro tanto se puede decir de la democracia.

Si para la burguesía la democracia ha llegado a ser innecesaria, superflua o molesta, precisamente por eso mismo es necesaria e imprescindible para el proletariado. En primer lugar, porque crea las formas políticas (autoadministración, derecho de voto, etc.) que pueden servirle de puntos de apoyo en su tarea de transformar la sociedad burguesa. En segundo lugar, porque sólo a través de la lucha por la democracia y del ejercicio de los derechos democráticos puede el proletariado llegar a ser consciente de sus intereses de clase y de sus tareas históricas.

En una palabra, no es que la democracia sea imprescindible porque haga innecesaria la conquista del poder político por el proletariado, sino porque convierte esa conquista del poder tanto en una necesidad como en una posibilidad. Cuando Engels, en su prólogo a Las luchas de clases en Francia, revisó las tácticas del movimiento obrero actual y opuso a las barricadas la lucha legal, de lo que estaba hablando, como así se desprende de cada línea de dicho prólogo, era de la lucha cotidiana actual, de la actitud del proletariado en el marco del Estado capitalista; no hablaba de la conquista definitiva del poder político ni de la actitud del proletariado frente al Estado capitalista en el momento de la conquista del poder. Es decir, Engels estaba dando directrices al proletariado dominado, no al triunfante.

[En el momento en que Rosa ensaya esta interpretación del prólogo de Engels —escrito en 1895—, ella no conocía que dicho prólogo: (1) fue escrito por Engels a pedido expreso de la dirección del partido socialdemócrata alemán (SPD), (2) Los editores (principalmente G. Liebknecht), lo cortaron y censuraron, publicándolo incompleto en Vorwärts, (3) El 1 de abril de 1895 Engels protestó por carta ante Kautsky y la dirección del SPD porque así él quedaba como "un adorador de la legalidad a toda costa", (4) Engels exigió que se publique completo, (5) la dirección del SPD no atendió a sus críticas. Esta falsificación editorial fue descubierta por el erudito bolchevique David Riazanov, quien lo publicó completo durante los primeros años de la Unión Soviética. Para entonces Rosa ya había sido asesinada en Alemania. N.K.]

Por el contrario, la famosa sentencia de Marx sobre la cuestión del suelo en Inglaterra —"probablemente lo más barato sería indemnizar a los terratenientes" [Citado por Engels en *El problema campesino en Francia y Alemania*. N.K.]— que Bernstein cita, no se refiere al comportamiento del proletariado antes de la victoria, sino después, puesto que únicamente cabe hablar de "indemnizar" a la vieja clase dominante cuando la clase obrera está en el poder. Lo que Marx consideraba aquí era la posibilidad del ejercicio pacífico de la dictadura del proletariado, y no la sustitución de la dictadura por reformas sociales de carácter capitalista.

La necesidad de la conquista del poder político por parte del proletariado siempre estuvo fuera de toda duda para Marx y Engels. Quedó reservado para Bernstein el honor de considerar el gallinero del parlamentarismo burgués como el órgano destinado a realizar el cambio social más imponente de la historia: la transformación de la sociedad capitalista en otra socialista.

Pero Bernstein empieza su teoría con el temor de que el proletariado tome el poder demasiado pronto. De suceder esto, el proletariado, según Bernstein, debería dejar las condiciones de la sociedad burguesa como están y, en consecuencia, sufrir una derrota terrible. Lo que se deduce claramente de este temor es que, en el caso de que las circunstancias llevaran al proletariado al poder, la teoría de Bernstein no le ofrece más que un consejo "práctico": echarse a dormir. Su teoría condena al proletariado a la inactividad en las situaciones más decisivas de la lucha, es decir, a la traición pasiva a la propia causa.

Nuestro programa sería solamente un papelucho miserable si no nos sirviera para todas las eventualidades y todos los momentos de la lucha, o si únicamente nos sirviera para abandonarlo, en vez de para aplicarlo. Si nuestro programa contiene la formulación del desarrollo histórico de la sociedad desde el capitalismo al socialismo, también debe formular, en sus rasgos fundamentales, todas las fases transitorias de ese desarrollo y consecuentemente indicar al proletariado, en todo momento, la actuación más adecuada para avanzar hacia el socialismo. En otras palabras, que no puede haber ninguna ocasión en que la clase obrera se vea obligada a abandonar su programa o se vea abandonada por él.

En la práctica, todo esto quiere decir que no puede haber ninguna ocasión en que el proletariado, habiendo alcanzado el poder por la marcha de las cosas, no esté en condiciones o no se considere obligado a tomar ciertas medidas para la realización de su programa, o sea, medidas de transición en dirección al socialismo. Detrás de la creencia bernsteiniana de que el programa socialista podría carecer de toda indicación para su ejecución y fracasar en cualquier momento del ejercicio del poder proletario se esconde inconscientemente otra creencia: que el programa socialista es, en general y en todo momento, irrealizable.

¿Y si las medidas de transición son prematuras? Esta cuestión conlleva toda una maraña de malentendidos respecto al auténtico curso de las transformaciones sociales.

La conquista del poder estatal por el proletariado, es decir, por una amplia clase popular, no se puede provocar artificialmente, sino que implica un cierto grado de madurez de las relaciones político-económicas (con la excepción de casos como la Comuna de París, donde el proletariado no se hizo con el poder tras una lucha consciente por él, sino que excepcionalmente cayó en sus manos porque el resto lo abandonó). Esta es la diferencia fundamental entre los golpes de Estado blanquistas —realizados por una "minoría decidida" dicpuesta a actuar en cualquier momento y, por tanto, siempre a destiempo— y la conquista del poder político por una gran masa popular consciente, conquista que solamente puede ser el resultado del comienzo del hundimiento de la sociedad burguesa y que, por ello, lleva en sí misma la legitimación política y económica de su oportunidad.

Ahora bien, si desde el punto de vista de las condiciones

sociales la conquista del poder político por la clase obrera no puede producirse "demasiado pronto", en cambio, desde el punto de vista del efecto político, es decir, de la conservación de ese poder, dicha conquista sí ha de producirse necesariamente "demasiado pronto". La revolución prematura, que no deja dormir a Bernstein, nos amenaza como una espada de Damocles, y frente a ella no valen ruegos ni súplicas, miedos ni angustias. Y esto por dos motivos:

En primer lugar, una transformación tan importante como la transición de la sociedad desde el orden capitalista al socialista es imposible que se produzca de repente, de un solo golpe exitoso del proletariado. Creer esto posible refleja una concepción claramente blanquista. La transformación socialista presupone una lucha larga y tenaz en la que muy probablemente el proletariado habrá de retroceder más de una vez, de modo que, desde el punto de vista del resultado final de toda la lucha, la primera vez que tome el poder habrá de ser necesariamente "demasiado pronto".

En segundo lugar, las conquistas "prematuras" del poder estatal por el proletariado son inevitables porque esos asaltos "prematuros" son un factor, y de los más importantes, para crear las condiciones políticas de la victoria definitiva. En el curso de la crisis política que acompañará su conquista del poder, en el fuego de luchas prolongadas e intensas, el proletariado alcanzará el grado de madurez política que le capacitará para la victoria definitiva en la revolución. Así pues, tales asaltos "prematuros" del proletariado al poder político del Estado son en sí mismos un importante factor histórico que determina el momento de la victoria definitiva. Desde este punto de vista, la idea de una conquista "prematura" del poder político por la clase obrera resulta ser un contrasentido producto de una concepción mecanicista del desarrollo social y del establecimiento de una fecha para el triunfo de la lucha de clases, pero al margen e independiente de esta lucha.

Por tanto, dado que el proletariado no está en situación más que de conquistar el poder del Estado "demasiado pronto", o sea, dado que el proletariado tiene que conquistar el poder del Estado una o varias veces "demasiado pronto" antes de poder conquistarlo definitivamente, la oposición a una conquista "prematura" del poder no es más que la oposición a la aspiración del proletariado a apoderarse del poder estatal.

Así que, al igual que todos los caminos llevan a Roma, desde este punto de vista llegamos a la conclusión de que la propuesta revisionista de abandonar el objetivo último socialista desemboca en realidad en el abandono del movimiento socialista mismo [llegamos a la conclusión de que su consejo a la socialdemocracia de "echarse a dormir" en caso de conquistar el poder político es idéntico al de echarse a dormir ahora mismo, es decir, renunciar a la lucha de clases.] [En la segunda edición de *Reforma o revolución* de 1908, Rosa suprime el párrafo encerrado entre corchetes. N.K.].

la teoría revolucionaria,
un arma imprescindible

Cada vez que en la historia aparecen las invitaciones a abandonar el camino revolucionario para abrazarse con los poderosos del momento, se repite un mismo gesto y un mismo ademán. Se desprecia la teoría. Se afirma que "los libros del marxismo están muy bien, pero… son demasiado abstractos. Ya no nos sirven. Hay que tener los pies en la tierra. Hay que ser realista". Ese argumento se repite por doquier, siempre con el mismo fin: debilitar al movimiento popular, desarmarlo y arrancarle la poderosa arma de la crítica. Eso sucedía en tiempos de Rosa Luxemburgo y también ocurre en nuestra época.

Enfrentando ácidamente esa invitación a desembarazarse de los libros, de la teoría, del saber y de toda la acumulación de experiencias pasadas que la tradición del marxismo aporta en la lucha de clases, Rosa defiende la necesidad de aferrar y estudiar la teoría marxista —la dialéctica y la concepción materialista de la historia— para unirla con la práctica. "No hay movimiento revolucionario sin teoría revolucionaria", había alertado Lenin. Nada distinto de lo que pensaba Rosa. Con su habitual agudeza y claridad, ella había escrito en la introducción de Reforma o revolución: *"No se puede arrojar contra los obreros insulto más grosero ni calumnia más indigna que la frase 'las polémicas teóricas son sólo para los académicos'".*

Los siguientes fragmentos constituyen el final de Reforma o revolución. *Llevan originariamente como título "El oportunismo en la teoría y en la práctica". Pueden leerse, hoy en día, reemplazando tranquilamente el nombre de Bernstein por cualquiera de los "falsos profetas" contemporáneos que con la ayuda de los grandes medios de comunicación siguen predicando que "las teorías del marxismo —en especial la dialéctica— están viejas y ya no sirven".*

El libro de Bernstein es de gran importancia histórica para el movimiento obrero alemán e internacional porque es el primer intento de dotar de una base teórica a las corrientes oportunistas en la socialdemocracia. Si consideramos sus manifestaciones esporádicas, como el conocido caso de la cuestión de la subvención a las navieras mercantes [se trata del apoyo que el grupo parlamentario socialdemócrata dio a Bismarck en 1885 para subvencionar las líneas de vapores. N.K.], se podría decir que el oportunismo data de hace bastante tiempo.

[...]

¿Qué es, a primera vista, lo más característico de todas las corrientes oportunistas y su práctica? La hostilidad hacia la teoría. Esto es completamente natural, puesto que nuestra teoría, es decir, los fundamentos del socialismo científico, establece límites muy definidos para la actividad práctica, tanto respecto a los fines como a los medios de lucha a emplear, y también respecto al modo de luchar. Por eso es natural que todos aquellos que únicamente buscan éxitos pragmáticos manifiesten la natural aspiración a tener las manos libres, o sea, a hacer independiente la práctica de la teoría. Pero este enfoque se demuestra inoperante: el socialismo de Estado, el socialismo agrario, la política de compensaciones o la cuestión militar son otras tantas derrotas para el oportunismo. Es evidente que si esta corriente quería afirmarse no podía limitarse a ignorar los fundamentos de nuestra teoría, sino que tenía que tratar de destruirlos, a fin de establecer su propia teoría. La de Bernstein fue un intento en este sentido, y por eso todos los elementos oportunistas se agruparon en torno a su bandera en el congreso de Stuttgart. Si, por un lado, las corrientes oportunistas en la actividad práctica son un fenómeno completamente natural comprensible por las condiciones y el desarrollo de nuestra lucha, por otro lado, la teoría de Bernstein es un intento no menos comprensible de aglutinar estas corrientes en una expresión teórica general, un intento de establecer sus propios presupuestos teóricos generales y liquidar el socialismo científico. En consecuencia, la teoría de Bernstein ha sido, desde un principio, el bautismo de fuego del oportunismo, su primera legitimación científica.

¿Qué resultado ha producido este intento? Como hemos visto, el oportunismo no es capaz de elaborar una teoría positiva que pueda resistir medianamente la crítica. Todo lo que puede hacer es atacar aisladamente algunas de las tesis de la doctrina marxista, para luego, dado que esta doctrina constituye un conjunto sólidamente entrelazado, intentar destruir todo el edificio, desde la azotea hasta los cimientos. Con esto se demuestra que, por su esencia y fundamentos, la práctica oportunista es incompatible con el sistema marxista.

Pero con ello se prueba también que el oportunismo es incompatible asimismo con el socialismo, ya que posee una tendencia inherente a desviar el movimiento obrero hacia caminos burgueses, es decir, a paralizar por completo la lucha de clases proletaria. Cierto que, desde un punto de vista histórico, la lucha de clases proletaria no es idéntica a la doctrina marxista. Antes de Marx, e independientes de él, también hubo un movimiento obrero y diversos sistemas socialistas que eran, cada uno a su manera, la expresión teórica, propia de la época, de las aspiraciones emancipadoras de la clase obrera. La justificación del socialismo con conceptos morales de justicia, la lucha contra el modo de distribución en vez de contra el modo de producción, la concepción de los antagonismos de clase como antagonismos entre ricos y pobres, la pretensión de injertar en la economía capitalista el "principio cooperativista", todo lo que se encuentra en el sistema de Bernstein ya existió con anterioridad. Y esas teorías, a pesar de sus insuficiencias, fueron en su época auténticas teorías de la lucha de clases proletaria, fueron las botas de siete leguas con las que el proletariado aprendió a caminar por la escena de la historia. Pero una vez que el desarrollo de la lucha de clases y su reflejo en las condiciones sociales llevó al abandono de esas teorías y a la elaboración de los principios del socialismo científico, ya no puede haber más socialismo que el marxista, al menos en Alemania, ni puede haber otra lucha de clases socialista que la socialdemócrata [Rosa Luxemburgo denomina "socialdemócrata" a la organización política marxista. Años después, cuando rompe con la socialdemocracia y luego funda el PCA, reemplazará este término por el de "comunista". N.K.]. De ahora en adelante, socialismo y marxismo —la lucha por la emancipación proletaria y la socialdemocracia— son idénticos. El retorno a teorías socialistas premarxistas ya no supone una vuelta a las botas de siete leguas de la infancia del proletariado, sino a las viejas y gastadas pantuflas de la burguesía.

[…]

Ha bastado con que hablara el oportunismo, para demostrar que no tenía nada que decir. Ésta es precisamente la importancia que para la historia de nuestro partido tiene el libro de Bernstein.

Y así, al despedirse del modo de pensar del proletariado revolucionario, de la dialéctica y de la concepción materialista de la historia, Bernstein debe agradecerles las circunstancias atenuantes que le han concedido a su conversión. Con su magnanimidad habitual, la dialéctica y la concepción materialista de la historia permitieron que Bernstein apareciera como el instrumento inconsciente para que el proletariado ascendente manifestara un desconcierto momentáneo que, tras una consideración más reposada, arrojó lejos de sí con una sonrisa desdeñosa.

la iglesia institucional, la teología de la liberación y el socialismo marxista

Cuando se produce la revolución rusa de 1905 — de vasta repercusión en el pensamiento político de Luxemburgo —, la agitación social también llega hasta la Polonia rusa y a todos los rincones del vasto imperio zarista. En ese tiempo Rosa participa de la lucha política en Polonia, país de fuerte raigambre religiosa, principalmente católica (no casualmente Juan Pablo II —, el nombre adoptado por el nuevo papa, es de origen polaco…). Lamentablemente, como ya es costumbre habitual, la Iglesia se opuso a los levantamientos de la clase obrera y trató de frenar la influencia ideológica del socialismo marxista (nada distinto, por cierto, a la ideología de Juan Pablo II y de la Iglesia actual).

Entonces Rosa dedica el ensayo "El socialismo y las iglesias", del cual extractamos algunos fragmentos, a discutir la compleja relación de socialismo y religión, tratando de explicar el odio de la Iglesia oficial hacia los obreros revolucionarios, por un lado; y la flagrante contradicción entre esa Iglesia institucional y el mensaje comunista compartido por los antiguos profetas y los primeros padres del cristianismo.

De este modo, Rosa Luxemburgo prolonga el descubrimiento de Federico Engels de una corriente revolucionaria dentro del cristianismo popular — encabezada en Alemania por Thomas Münzer [aprox. 1493-1525] —, opuesta a las instituciones oficiales de la Iglesia. Este examen precursor de Rosa y de Engels sobre el cristianismo revolucionario es actualmente reivindicado por diversas vertientes de la teología de la liberación, principalmente en América latina.

"El socialismo y las iglesias" fue publicado por primera vez en Cracovia en 1905. Rosa lo firmó con el seudónimo de Josef Chmura. La edición rusa se editó en Moscú en 1920.

Desde el momento en que los obreros de nuestro país y de Rusia comenzaron a luchar valientemente contra el gobierno zarista y los explotadores, observamos que los curas en sus sermones se pronuncian con frecuencia cada vez mayor contra los obreros en lucha. El clero lucha con extraordinario vigor contra los socialistas y trata por todos los medios de desacreditarlos a los ojos de los trabajadores. Los creyentes que concurren a la iglesia los domingos y festividades se ven obligados a escuchar un violento discurso político, una verdadera denuncia del socialismo, en lugar de escuchar un sermón y encontrar consuelo religioso. En vez de reconfortar al pueblo, lleno de problemas y cansado de su vida tan dura, que va a la iglesia con su fe en el cristianismo, los sacerdotes echan denuestos contra los obreros que están en huelga y se oponen al gobierno; además, los exhortan a soportar su pobreza y opresión con humildad y paciencia. Convierten a la iglesia y al púlpito en una tribuna de propaganda política.

[...]

Los socialdemócratas se proponen poner fin a la explotación de los trabajadores por los ricos. Cualquiera pensaría que los servidores de la Iglesia serían los primeros en facilitarles la tarea a los socialdemócratas. ¿Acaso Jesucristo (cuyos siervos son los sacerdotes) no enseñó que "es más fácil que un camello pase por el ojo de una aguja que los ricos entren en el reino de los cielos"? Los socialdemócratas tratan de imponer en todos los países un régimen social basado en la igualdad, libertad y fraternidad de todos los ciudadanos. Si el clero realmente desea poner en práctica el precepto "ama a tu prójimo como a ti mismo", ¿por qué no acoge con agrado la propaganda socialdemócrata? Con su lucha desesperada, con la educación y organización del pueblo, los socialdemócratas tratan de sacarlos de su opresión y ofrecer a sus hijos un futuro mejor. A esta altura todos tendrían que admitir que los curas deberían bendecir a los socialdemócratas. ¿Acaso Jesucristo, a quien ellos sirven, no dijo "lo que hacéis por los pobres lo hacéis por mí"?

[…]

Así el clero, al convertirse en vocero de los ricos, en defensor de la explotación y la opresión, se coloca en contradicción flagrante con la doctrina cristiana. Los obispos y curas no propagan la enseñanza cristiana: adoran el becerro de oro y el látigo que azota a los pobres e indefensos.

[…]

Los socialdemócratas quieren el "comunismo"; eso es principalmente lo que el clero les reprocha. En primer lugar es evidente que los curas que hoy combaten al "comunismo" en realidad combaten a los primeros apóstoles. Porque éstos fueron comunistas ardientes.

[…]

En esta sociedad putrefacta [se trata del Imperio Romano. N.K.], donde el pueblo no tenía salida de su trágica situación, ni esperanzas de una vida mejor, los sufrientes volvieron su mirada al cielo para encontrar allí la salvación. La religión cristiana aparecía ante estos sufrientes como una tabla de salvación, un consuelo, un estímulo y se convirtió, desde sus comienzos, en la religión del proletariado romano. De acuerdo con la situación material de los integrantes de esta clase, los primeros cristianos levantaron la consigna de la propiedad común: el comunismo.

[…]

Así, los cristianos de los primeros siglos eran comunistas fervientes. Pero era un comunismo basado en el consumo de bienes elaborados y no en el trabajo y se demostró incapaz de reformar la sociedad, de poner fin a la desigualdad entre los hombres y de derribar las barreras que separaban a los pobres de los ricos.

[…]

El comunismo cristiano era incapaz de cambiar o mejorar la situación económica, y no prosperó.

Al principio, cuando los seguidores del nuevo Salvador constituían sólo un pequeño sector en el seno de la sociedad romana, el compartir los bienes y las comidas y el vivir todos bajo un mismo techo era factible. Pero a medida que el cristianismo se difundía por el imperio, la vida comunitaria de sus partidarios se hacía más difícil. Pronto despareció la costumbre de la comida en común y la división de bienes tomó otro cariz. Los cristianos ya no vivían como una gran familia; cada uno se hizo cargo de sus propiedades y sólo se ofrecía a la comunidad el excedente.

[…]

Los Padres de la Iglesia prosiguieron sin embargo la lucha contra esta penetración de la desigualdad social en el seno de la comunidad cristiana, fustigando a los ricos con palabras ardientes y exhortándolos a volver al comunismo de los primeros apóstoles.

[…]

Estos llamados no rindieron frutos. Pero la culpa de ninguna manera recae sobre los cristianos de aquellas épocas, quienes respondían mucho mejor a las palabras de los Padres de la Iglesia que los cristianos contemporáneos. No es la primera vez en la historia de la humanidad que las condiciones económicas resultan más poderosas que los más bellos discursos.

El comunismo, esta comunidad de consumidores de bienes que proclamaron los primeros cristianos, no podía existir sin el trabajo comunitario de toda la población, la propiedad común de la tierra y de los talleres.

[…]

Así se fueron modificando las relaciones entre la Iglesia y el pueblo en el curso de los siglos. La cristiandad se inició como mensaje de consuelo para los desheredados y oprimidos. Creó una doctrina para combatir la desigualdad social y el antagonismo entre ricos y pobres; enseñó la comunidad de la riqueza.

Rápidamente este templo de igualdad y fraternidad se convirtió en fuente de nuevos antagonismos sociales.

[...]

Después de haber pasado revista a la historia de la Iglesia, no nos puede sorprender que el clero apoye al zar y a los capitalistas contra los obreros revolucionarios que luchan por un futuro mejor. Los obreros conscientes, organizados en el Partido Social Demócrata, luchan por convertir la idea de la igualdad social y la fraternidad entre los hombres en una realidad, lo que alguna vez fue la causa de la Iglesia cristiana.

[...]

Lo que los apóstoles cristianos no lograron con encendidos discursos contra el egoísmo de los ricos, lo pueden lograr los proletarios modernos, los obreros conscientes de su situación como clase, en un futuro cercano, conquistando el poder político en todos los países, arrancando las fábricas, las tierras y todos los medios de producción de manos de los capitalistas para convertirlos en propiedad comunitaria de los trabajadores.

[...]

Estos sirvientes y adoradores del becerro de oro apoyan y aplauden los crímenes del gobierno zarista y defienden el trono de este déspota que oprime al pueblo como otro Nerón.

Pero os agitáis en vano, siervos degenerados de Cristo que os habéis convertido en siervos de Nerón. En vano ayudáis a quienes nos asesinan, en vano protegéis a los explotadores del proletariado bajo el signo de la cruz. Vuestras crueldades y calumnias no pudieron impedir en el pasado el triunfo de la idea cristiana, idea que hoy habéis sacrificado al becerro de oro: hoy vuestros esfuerzos no obstacularizarán la marcha del socialismo. Hoy sois vosotros, vuestras mentiras y enseñanzas, los paganos, y nosotros quienes predicamos entre los pobres y explotados la fraternidad y la igualdad. Somos nosotros quienes marchamos a la conquista del mundo, como antes aquel que dijo que es más fácil que un camello atraviese el ojo de una aguja que un rico entre en el reino de los cielos.

[…]

socialismo o barbarie

Los fragmentos que reproducimos pertenecen a La crisis de la socialdemocracia. *Rosa Luxemburgo los redacta cuando la primera guerra mundial estaba en su apogeo y el entusiasmo "patriótico" y belicista arrastraba a todo el mundo, incluyendo a los grandes representantes del socialismo mundial. Lo escribió en abril de 1915, unas semanas antes de haber sido encarcelada en la "Prisión Real de Prusia para mujeres", situada en Berlín. Firmó este trabajo con el seudónimo de Junius (en latín quiere decir "el más joven"), por eso se lo conoció durante mucho tiempo como Folleto de Junius.*

Estos pasajes encierran los fundamentos de la consigna que la hiciera famosa en todo el orbe: "Socialismo o Barbarie". Un dilema histórico todavía no resuelto.

Luxemburgo sienta las bases de una concepción marxista de la historia que rompe con la ortodoxia de Karl Kautsky, de sus colegas del SPD y de los principales ideólogos de la II Internacional. Según Rosa, el futuro no está predeterminado ni resulta ineluctable. El horizonte del porvenir depende de la lucha de clases y de nuestra intervención colectiva en ese conflicto.

Clara Zetkin, la entrañable amiga y compañera de Rosa, dijo de este texto: "El Folleto de Junius era un acto político individual. Debe engendrar la acción revolucionaria de masas. Forma parte de la dinamita del espíritu que hace saltar el orden burgués".

Una cosa es cierta: la guerra mundial representa un viraje para el mundo. Sería una insensata locura imaginar que nosotros no tenemos que hacer otra cosa más que dejar que la guerra pase, tal como la liebre espera el fin de la tormenta bajo un matorral, para proseguir alegremente su caminata. La guerra mundial ha cambiado radicalmente las condiciones de nuestra lucha y nos ha cambiado a nosotros mismos. No que las leyes fundamentales de la evolución capitalista, el combate a vida o muerte entre el capital y el trabajo, deben sufrir una desviación o un apaciguamiento. Ahora, en medio de la guerra, han caído las caretas y los viejos rostros que conocemos tan bien nos miran burlonamente. Pero después de la erupción del volcán imperialista, el ritmo de la evolución ha recibido un impulso tan violento, que ante los conflictos que surgen en el seno de la sociedad, y ante la inmensidad de las tareas que aguardan al proletariado socialista en lo inmediato, toda la historia del movimiento obrero parece no haber sido hasta ahora más que una época paradisíaca.

[...]

El 30 de julio de 1914, el órgano central de la socialdemocracia alemana [la revista Die Neue Zeit, dirigida por Karl Kautsky. N.K.] escribía:

"El proletariado socialista declina toda responsabilidad por los acontecimientos que una clase dirigente ciega hasta la demencia está en trance de provocar. Sabe que una nueva vía se levantará para él de las ruinas. Los responsables son los que hoy detentan el poder. Para ellos se trata de una cuestión de vida o muerte. La historia del mundo es el tribunal del mundo".

Entonces se produjo el acontecimiento inaudito, sin precedentes: el 4 de agosto de 1914.

¿Tuvo que producirse así? Un acontecimiento de tal trascendencia no se produce por azar. Es el resultado de profundas y amplias causas objetivas. Sin embargo, estas causas pueden residir también en los errores de la socialdemocracia que era el guía del proletariado; en la debilidad de nuestra voluntad de lucha, de nuestro coraje, de nuestra convicción. El socialismo científico nos ha enseñado a comprender las leyes objetivas del desarrollo histórico. Los hombres no hacen su historia de cabo a rabo. Pero la hacen ellos mismos. El proletariado depende en su acción del grado de desarrollo social de la época, pero la evolución social no se produce al margen del proletariado; éste es su impulso y su causa, tanto como su producto y su consecuencia. Su acción es parte codeterminante de la historia. Y si nos podemos apartar tan poco de la evolución histórica como el hombre de su sombra, podemos, sin embargo, acelerarla o retardarla.

En la historia, el socialismo es el primer movimiento popular que se fija como objetivo, y que a la vez sea encargado por la historia misma, dar a la acción social de los hombres un sentido consciente, introducir en ella un pensamiento metódico y, por lo tanto, una voluntad libre. Por eso Federico Engels dijo que la victoria definitiva del proletariado socialista constituye un salto que hace pasar a la humanidad del reino animal al reino de la libertad. Pero este mismo "salto" no es ajeno a las leyes rígidas de la historia; está ligado a los millares de escalones precedentes de la evolución, una evolución bien dolorosa y bien lenta. Y este salto no podría ser dado si, del conjunto de las premisas materiales acumuladas por la evolución, no surgiese la chispa de la voluntad consciente de la gran masa popular. La victoria del socialismo no caerá del cielo como algo fatal; esta victoria no podrá ser alcanzada más que gracias a una larga serie de enfrentamientos entre las fuerzas viejas y las fuerzas nuevas, choques en el curso de los cuales el proletariado internacional hace su aprendizaje bajo la dirección de la socialdemocracia e intenta tomar en su mano su propio destino, de apoderarse del timón de la vida de la sociedad; de juguete pasivo de la historia, intenta convertirse en su lúcido piloto. Federico Engels dijo un día: "La sociedad burguesa está situada ante un dilema: o pasa al socialismo o cae en la barbarie". Pero ¿qué significa, pues, una caída en la barbarie en el grado de civilización que conocemos en la Europa de hoy? Hasta ahora hemos leído estas palabras sin reflexionar y las hemos repetido sin presentir la terrible gravedad. Echemos una mirada en torno nuestro en este momento y comprenderemos lo que significa una caída de la sociedad burguesa en la barbarie. El triunfo del imperialismo lleva a la negación de la civilización, esporádicamente durante la duración de la guerra y definitivamente si el período de las guerras mundiales que comienza ahora se prosigue sin obstáculos hasta sus últimas consecuencias. Es exactamente lo que Federico Engels predijo una generación antes que la nuestra, hace cuarenta años. Estamos situados hoy ante esta elección: o bien triunfo del imperialismo y decadencia de toda civilización como en la Roma antigua, la despoblación, la desolación, la tendencia a la degeneración, un enorme cementerio; o bien, victoria del socialismo, es decir, de la lucha consciente del proletariado internacional contra el imperialismo y contra su método de acción: la guerra. Este es un dilema de la historia del mundo, un o bien, o bien, todavía indeciso, cuyos platillos se balancean ante la decisión del proletariado con consciencia de clase. El proletariado debe lanzar resueltamente en la balanza la espada de su combate revolucionario. El porvenir de la civilización y de la humanidad depende de ello. En el curso de esta guerra, el imperialismo ha obtenido la victoria. Haciendo intervenir con toda su fuerza la espada sangrienta del asesinato de los pueblos, ha arrastrado la balanza al abismo de la desolación y de la vergüenza. Todo este fardo de vergüenza y de desolación no será contrabalanceado más que si sabemos sacar de la guerra la lección que ella contiene, si el proletariado llega a rehacerse y si cesa de jugar el papel de un esclavo manipulado por las clases dirigentes, para convertirse en el amo de su propio destino.

[…]

el socialismo y la resistencia global contra la guerra imperialista

Las guerras imperialistas de Estados Unidos en Afganistán e Irak con que amaneció el siglo XXI no constituyen un rayo en un mediodía de cielo claro. Forman parte de la extensa serie de masacres, genocidios e intervenciones armadas que el imperialismo ha perpetrado contra la humanidad — principalmente contra las clases trabajadoras y los pueblos oprimidos — desde su mismo nacimiento.

Rosa Luxemburgo fue una enemiga mortal de la guerra y del militarismo, dos modos de vivir propios del imperialismo. Pero no se quedó en una simple condena moral ni en la tranquilidad del espectador pasivo. Trató de organizar acciones concretas contra la guerra, mientras se esforzaba por quebrar y arrastrar la inercia (y la complicidad) de la vieja burocracia partidaria de la socialdemocracia europea.

En medio de la primera guerra mundial, durante la cual los viejos líderes socialdemócratas traicionaron y se volvieron cómplices, votando en los parlamentos los créditos de guerra para armar los ejércitos burgueses, Rosa redacta las siguientes "Tesis sobre las tareas de la Socialdemocracia Internacional". Las escribió en 1915 en la cárcel. Se publicaron en 1916 como anexo al "Folleto de Junius".

Un número apreciable de camaradas de todas las partes de Alemania ha adoptado la siguiente tesis, que representan una aplicación del Programa de Erfurt a los problemas actuales del socialismo internacional.

1. La guerra mundial ha destrozado los resultados de cuarenta años de labor del socialismo europeo al aniquilar la relevancia de la clase obrera revolucionaria en tanto que factor de poder político, así como el prestigio moral del socialismo, ha hecho saltar en pedazos la Internacional proletaria llevando a sus diversas secciones a la guerra fratricida y encadenando a la nave del imperialismo los deseos y las esperanzas de las masas populares de los más importantes países de desarrollo capitalista.

2. Al votar positivamente los créditos de guerra y al proclamar la paz civil, los jefes oficiales de los partidos socialistas de Alemania, Francia e Inglaterra (con la excepción del Partido obrero independiente) han cubierto las espaldas del imperialismo, han inducido a las masas populares a soportar pacientemente la miseria y el horror de la guerra, contribuyendo así al desencadenamiento desenfrenado del delirio imperialista, a la prolongación de la carnicería y a la multiplicación de sus víctimas, compartiendo por consiguiente la responsabilidad por la guerra y sus consecuencias.

3. Esta táctica de las instancias oficiales de los partidos de los países beligerantes, en primerísimo lugar en Alemania, el país hasta ahora guía de la Internacional, supone una traición a los más elementales principios del socialismo internacional, a los intereses vitales de la clase obrera, a todos los intereses democráticos de los pueblos. Por culpa de ella la política socialista se ha visto condenada a la impotencia también en los países en los que los dirigentes de los partidos han sido fieles a sus deberes: Rusia, Serbia, Italia y —con una excepción— Bulgaria.

4. Abandonando la lucha de clases durante la guerra y dejándola para la época postbélica, la Socialdemocracia oficial de las grandes potencias ha dado tiempo a las clases dominantes de todos los países para que éstas refuercen económica, política y

moralmente sus posiciones inmensamente a costa del proletariado.

5. La guerra mundial no sirve ni para la defensa nacional ni a los intereses económicos o políticos de las masas populares de ningún país: es única y exclusivamente un engendro de las rivalidades imperialistas entre las clases capitalistas de diversos países en lucha por el dominio a escala mundial y por el monopolio en la explotación y la opresión de las zonas todavía no dominadas por el capital. En esta era de imperialismo desatado ya no pueden haber guerras nacionales. Los intereses nacionales sirven únicamente como pretexto para poner a las masas populares al servicio de su enemigo mortal: el imperialismo.

6. De la política de los estados imperialistas y de las guerras imperialistas no puede surgir la libertad y la independencia para ninguna nación oprimida. Las pequeñas naciones, cuyas clases dominantes son apéndice y cómplices de sus compañeros de clase de los grandes estados, no son sino piezas en el tablero de ajedrez sobre el que desarrollan su juego imperialista las grandes potencias y, al igual que sus masas trabajadoras, son instrumentalizadas durante la guerra para ser sacrificadas cuando ésta acabe a los intereses capitalistas.

7. En estas condiciones, la derrota o la victoria en la presente guerra mundial serán por igual una derrota para el socialismo y la democracia. Sea cual sea su resultado —exceptuando la intervención revolucionaria del proletariado internacional— conducirá al reforzamiento del militarismo, de los antagonismos nacionales, de las rivalidades económicas a escala mundial. La guerra agrava la explotación capitalista y la reacción interna debilita el control público y rebaja a los parlamentos al papel de instrumentos cada vez más serviles del militarismo. La guerra mundial actual desarrolla así al mismo tiempo todos los presupuestos para que se produzcan nuevas guerras.

8. La paz mundial no puede asegurarse por medio de planes utópicos o en el fondo reaccionarios como tribunales arbitrales internacionales de diplomáticos capitalistas, acuerdos diplomáticos sobre "desarme", "libertad de los mares", abolición del derecho de botín en el mar, "federaciones de estados europeos", "uniones aduaneras centroeuropeas", Estados nacionales-tapón y similares. El imperialismo, el militarismo y las guerras no podrán ser eliminados o limitados mientras las clases capitalistas sigan ejerciendo incontestablemente su dominio de clase. El único medio capaz de oponerse con éxito a ellos y la única garantía de la paz mundial son la capacidad de acción política y la voluntad revolucionaria de proletariado para hacer sentir en la balanza el peso de su fuerza.

9. El imperialismo, como fase última y desarrollo extremo del dominio político mundial del capital, es el enemigo mortal común del proletariado de todos los países. Pero comparte con las fases anteriores del capitalismo el sino de fortalecer las energías de su mortal enemigo en la misma medida en que se desarrolla él mismo. El imperialismo acelera la concentración del capital, la erosión de las capas medias, la multiplicación del proletariado, despierta la resistencia creciente de las masas y conduce así a la agudización intensiva de los antagonismos de clase. La lucha de clases proletaria ha de concentrarse, tanto en la paz como en la guerra, contra el imperialismo. La guerra con él es para el proletariado internacional al mismo tiempo lucha por el poder político del estado, enfrentamiento decisivo entre el socialismo y el capitalismo. La meta final socialista sólo será alcanzada por el proletariado internacional si le hace frente en toda la línea al imperialismo y en un supremo esfuerzo y con máxima abnegación pone como norte de su política práctica la consigna: "guerra a la guerra".

10. A este fin, la tarea principal del socialismo es unificar al proletariado de todos los países en una fuerza revolucionaria viva, hacer de él un factor decisivo de la vida política, a lo que está llamado por la historia, por medio de una fuerte organización internacional dotada de una visión homogénea de sus intereses y tareas, de una táctica homogénea y de capacidad de acción política tanto en la paz como en la guerra.

11. La II Internacional ha saltado con la guerra. Sus insuficiencias se han demostrado por su incapacidad para oponer un dique eficaz contra el fraccionamiento nacional en la guerra y para llevar a la práctica una táctica y una acción comunes del proletariado en todos los países.

12. Considerando la traición de las representaciones oficiales de los partidos socialistas de los países-guía a las metas e intereses de la clase obrera, considerando su defección del terreno de la Internacional proletaria al terreno de la política burguesa-imperialista, es una necesidad vital para el socialismo construir una nueva Internacional obrera que asuma la dirección y la unificación de la lucha de clases revolucionaria contra el imperialismo en todos los países.

Para cumplir sus tareas históricas ha de basarse en los siguientes principios:

> 1. La lucha de clases en el interior de los estados burgueses contra las clases dominantes y la solidaridad internacional de los proletarios de todos los países son dos reglas vitales inseparables de la clase obrera en su lucha de liberación histórico-mundial. No hay socialismo sin lucha de clases. El proletariado internacional no puede renunciar, ni en la guerra ni en la paz, a riesgo de suicidarse, a la lucha de clases y a la solidaridad internacional.

2. La acción de clase del proletariado de todos los países ha de orientarse, en la paz como en la guerra, a combatir al imperialismo y a impedir las guerras en tanto que su meta principal. La acción parlamentaria, la acción sindical y en general toda actividad del movimiento obrero deben subordinarse al objetivo de oponer al máximo en todos los países al proletariado con la burguesía nacional, de destacar en todo momento el antagonismo político y espiritual entre ambos, así como, al mismo tiempo, poner en un primer plano y fomentar el sentimiento de comunidad internacional de los proletarios de todos los países.

3. El centro de gravedad de la organización de clase del proletariado está en la Internacional. La Internacional decide en la paz acerca de la táctica de las secciones nacionales en cuestiones de militarismo, política colonial, 1° de mayo y además sobre toda la táctica a seguir en guerra.

4. El deber de ejecutar las resoluciones de la Internacional es prioritario sobre todos los demás deberes de organización. Las secciones nacionales que contravengan las resoluciones de la Internacional se colocan fuera de ella.

5. En las luchas contra el imperialismo y la guerra, la fuerza decisiva sólo puede provenir de las compactas masas del proletariado de todos los países. El objetivo principal de la táctica de las secciones nacionales ha de consistir por tanto en educar a las amplias masas para la capacidad de acción política y para la iniciativa decidida, en asegurar la conexión internacional de las acciones de masas, en construir las organizaciones políticas y sindicales de modo que por su mediación se garantice en todo momento la rápida y eficaz colaboración de todas las secciones y de realizar la voluntad de la Internacional en la práctica de las más amplias masas obreras de todos los países.

6. La tarea más inmediata del socialismo es la liberación espiritual del proletariado de la tutela de la burguesía, que se manifiesta en la influencia de la ideología nacionalista. Las secciones nacionales han de orientar su agitación en los parlamentos igual que en la prensa a denunciar la fraseología tradicional del nacionalismo en tanto que instrumento burgués de dominación. La única defensa de toda verdadera libertad nacional es hoy la lucha de clases revolucionaria contra el imperialismo. La patria de los proletarios, a cuya defensa ha de subordinarse todo lo demás, es la Internacional socialista.

los peligros de la burocracia

Rosa Luxemburgo fue una ferviente admiradora de la revolución socialista rusa. Cuando se produjo — en octubre de 1917 — la saludó con alegría y entusiasmo. Era la realización de los ideales revolucionarios e internacionalistas del socialismo que ella preconizaba cuando polemizaba contra los timoratos y tímidos dirigentes socialistas parlamentarios alemanes. Pero Rosa la apoyó señalando, al mismo tiempo, falencias, obstáculos y peligros potenciales, principalmente en lo que atañe a la democracia socialista. Su mirada crítica la condensó en el escrito "La revolución rusa", redactado en prisión.

En ese momento ni Rosa ni sus compañeros espartaquistas — con quienes luego formaría el Partido Comunista Alemán (PCA) — tenían toda la información disponible sobre los sucesos posteriores al octubre soviético. El gobierno alemán quería evitar todo "contagio" revolucionario y bloqueaba la información.

Rosa hace críticas a los bolcheviques. Les cuestiona la catalogación del carácter de la revolución, su concepción del problema de las "guerras nacionales" y la compleja tensión entre democracia socialista y dictadura proletaria.

Uno de sus artículos fue enviado desde la cárcel a la revista espartaquista pero sus editores creyeron que si lo publicaban daban armas a la derecha. Paul Levi, por entonces miembro del grupo espartaquista y luego del Partido Comunista de Alemania, viaja a verla para disuadirla. Cuando él se va, Rosa termina de escribir su artículo (no antes del 20 de octubre de 1918). Ella elabora un borrador de su folleto y se lo envía con una nota: "Escribo esto para ti, y si logro convencerte a ti el esfuerzo no estará perdido". Levi nunca lo publicó. Ni siquiera intentó difundirlo. Pero en el camino, Rosa sale de la cárcel, toma contacto con la revolución alemana, participa en ella, contribuye a la fundación del naciente Partido Comunista y se distancia de muchas conclusiones de su escrito crítico de los bolcheviques. Durante esos meses en los que está en libertad y en plena actividad militante, Rosa no publica su folleto sobre Rusia. Luego es asesinada, junto con sus principales compañeros.

Recién en 1922, luego de haber sido expulsado del PC alemán (KPD), Paul Levi — quien nunca había movido un dedo para hacer conocer aquel folleto de Luxemburgo— publica por su cuenta el trabajo de Rosa sobre Rusia. Inmediatamente después, Levi reingresa al Partido Socialdemócrata (SPD).

Más allá de las vicisitudes polémicas en las que se inscribe su edición póstuma y de que ella misma no lo haya publicado cuando sale de prisión, lo cierto es que el escrito de Rosa advierte con lucidez premonitoria algunos peligros reales que acechaban a la revolución rusa.

La revolución rusa es el acontecimiento más importante de la guerra mundial. Su explosión, su radicalismo sin precedentes, su persistencia, representan el más rotundo desmentido al slogan con el que la socialdemocracia alemana oficial trató de alimentar ideológicamente la campaña de conquistas del imperialismo nacional: el slogan que a las bayonetas alemanas les estaba asignada la misión de abatir el zarismo ruso y liberar a sus pueblos oprimidos.

[...]

Las tareas gigantescas abordadas por los bolcheviques con coraje y decisión exigían precisamente la educación política más intensiva de las masas y la acumulación de experiencias que nunca es posible sin libertad política.

La libertad reservada sólo a los partidarios del gobierno, sólo a los miembros del partido —por numerosos que ellos sean— no es libertad. La libertad es siempre únicamente libertad para quien piensa de modo distinto. No es por fanatismo de "justicia", sino porque todo lo que pueda haber de instructivo, saludable y purificador en la libertad política depende de ella, y pierde toda eficacia cuando la "libertad" se vuelve un privilegio.

[Los bolcheviques mismos no podrán negar, la mano puesta en el corazón, que han debido paso a paso sopesar, intentar, experimentar, probar en todos los sentidos, y que una buena parte de sus medidas no significan perlas. Las cosas no puedan menos que ocurrir de este modo y así nos pasará a todos cuando estemos en la misma situación, aunque no está dicho que en todas partes deban reinar circunstancias tan difíciles].

[…]

¿Si todo esto desaparece, qué queda? En lugar de los cuerpos representativos surgidos de elecciones populares generales, Lenin y Trotsky han instalado los soviets como la única representación auténtica de las masas trabajadoras. Pero con el sofocamiento de la vida política en todo el país la misma vida de los soviets no podrá escapar a una parálisis cada vez más extendida. Sin elecciones generales, libertad de prensa y de reunión ilimitada, lucha libre de opinión y en toda institución pública, la vida se extingue, se torna aparente y lo único activo que queda es la burocracia. La vida pública se adormece poco a poco, algunas docenas de jefes del partido de inagotables energías y animados por un idealismo ilimitado dirigen y gobiernan; entre éstos la guía efectiva está en manos de una docena de inteligencias superiores; y una elite de obreros es convocada de tiempo en tiempo para aplaudir los discursos de los jefes, votar unánimemente resoluciones prefabricadas: es en el fondo el predominio de una pandilla. Una dictadura, es cierto, pero no la dictadura del proletariado, sino la dictadura de un puñado de políticos, vale decir, la dictadura en sentido burgués, en el sentido del dominio jacobino (¡el aplazamiento de los congresos de los soviets de tres a seis meses!).

[…]

La misión histórica del proletariado, una vez llegado al poder, es crear en lugar de una democracia burguesa una democracia socialista y no abolir toda democracia.

[...]

Lo que importa es saber distinguir en la política de los bolcheviques lo esencial y lo accesorio. En este último período, vísperas de luchas decisivas en el mundo entero, el problema más importante para el socialismo ha sido y es la candente cuestión del día: no éste o aquél detalle de táctica, sino la capacidad de acción del proletariado, la energía de las masas, en general, la voluntad en el socialismo de lograr el poder. Desde este punto de vista los Lenin y los Trotsky con sus amigos fueron los primeros [subrayado de Rosa Luxemburgo. N.K.] en dar el ejemplo al proletariado mundial, y son todavía los únicos [subrayado de Rosa Luxemburgo. N.K.] que con Hutten pueden exclamar: "¡Yo he osado!".

He aquí lo esencial e imperecedero [subrayado de Rosa Luxemburgo. N.K.] de la política bolchevique. En este [subrayado de Rosa Luxemburgo. N.K.] sentido su mérito imperecedero es haberse colocado en la vanguardia del proletariado internacional con la conquista del poder político y haber formulado en la práctica el problema de la realización del socialismo, contribuyendo así poderosamente al ajuste de cuentas entre el capital y el trabajo en todo el mundo. En Rusia el problema sólo pudo ser planteado. No podía ser resuelto allí. Y en este [subrayado de Rosa Luxemburgo. N.K.] sentido el porvenir pertenece en todas partes al socialismo.

la Liga Espartaco y los consejos obreros

Cuando Rosa Luxemburgo, Karl Liebknecht, Franz Mehring y Clara Zetkin cuestionan abiertamente a la socialdemocracia oficial del SPD (que en Alemania apoya la guerra imperialista traicionando el internacionalismo socialista) fundan una nueva tendencia política: la Liga Espartaco. Eligen ese nombre en homenaje al líder de los esclavos insurrectos en la antigüedad. La Liga Espartaco funcionaba como fracción de izquierda organizada dentro de la vertiente de centro del socialismo alemán, nucleada en el SPDU, organización que se había separado del moderado y reformista SPD pero sin asumir tampoco posiciones demasiado radicales. Recién en enero de 1919, la Liga Espartaco se separa definitivamente del SPDU para formar el Partido Comunista.

Leyendo los siguientes fragmentos de este escrito, que originariamente fue titulado "¿Qué quiere la Liga Espartaco?", puede corroborarse la tremenda superficialidad de aquellos impugnadores actuales del marxismo que lo acusan de ser una corriente "estatalista" (que sólo está centrada en el Estado).

La máxima teórica espartaquista, Rosa Luxemburgo, aunque promueve el derrocamiento del Estado burgués, deja bien claro que la única garantía del triunfo de ese movimiento político revolucionario no pasa exclusivamente por el Estado sino principalmente por la movilización de las masas trabajadoras y la actividad práctica en los consejos obreros, es decir, dentro de lo que Antonio Gramsci denominaba la sociedad civil.

La realización del orden social comunista es la tarea más imperiosa que se haya planteado nunca a una clase y a una revolución en toda la historia del mundo. Esta tarea implica un completo derrocamiento del Estado, una subversión general de todas las bases económicas y sociales del mundo actual.

Este derrocamiento y esta subversión no pueden ser el resultado de los decretos de una administración cualquiera, de una comisión o de un parlamento; su iniciativa y realización no pueden ser aseguradas más que por las propias masas populares.

En todas las revoluciones precedentes, fue una pequeña minoría del pueblo la que tomó la dirección de la lucha revolucionaria, la que le dio un objetivo y una orientación y la que se sirvió de la masa como de un instrumento para conducir a la victoria sus propios intereses, los intereses de una minoría. La revolución socialista es la primera que no puede ser conducida a la victoria más que en interés de la gran mayoría y mediante la acción de la gran mayoría de los trabajadores.

La masa del proletariado no está llamada solamente a fundar la revolución en el conocimiento claro de sus objetivos y de sus orientaciones. También debe, en sí misma, por su propia actividad, conducir paso a paso al socialismo hasta la vida.

La esencia de la sociedad socialista consiste en que la gran masa trabajadora deje de ser una masa dirigida para empezar a vivir por sí misma toda la vida activa política y económica, a dirigirla por su autodeterminación siempre más consciente y más libre.

Desde las instancias superiores del Estado hasta las últimas de las comunas, la masa proletaria debe liquidar los órganos de dominación de la hegemonía burguesa: consejo de ministros, parlamento, municipios.

Con este objeto, debe tomar el poder mediante sus propios órganos de clase. A través de sus consejos de obreros y soldados, tendrá entonces que ocupar todos los puestos, vigilar todas las funciones, considerar todas las necesidades desde el punto de vista de sus propios intereses de clase y de las tareas socialistas. Sólo una influencia recíproca, constantemente viva, entre las masas populares y sus órganos, los consejos de obreros y soldados, puede garantizar el comportamiento de la sociedad en un espíritu comunista.

De manera similar, el profundo cambio económico no puede realizarse más que como un proceso de la acción responsable de las masas proletarias. Los decretos puros y simples de las instancias revolucionarias superiores son en sí mismos una fórmula vacía. Es únicamente mediante la actividad propia del conjunto de los obreros que la palabra tomará cuerpo; es en la lucha encarnizada y frontal contra el capital, fábrica por fábrica, en la lucha directa de masas, en la huelga, en la edificación de órganos permanentes, en su constitución en una clase, como los obreros pueden encontrar el camino del control proletario sobre la producción y finalmente apropiarse efectivamente toda su dirección.

Las masas proletarias deben aprender y transformarse, de máquinas muertas que el capital utiliza en el proceso social de producción, en dirigentes pensantes, libres, actuantes, de esta misma producción social. Deben adquirir el sentimiento de su responsabilidad ciudadana respecto de la colectividad, única depositaria de toda la riqueza social. Deben mostrar celo en ausencia del látigo patronal, una sostenida productividad sin capataz capitalista, disciplina sin obligación y orden sin dominación. El mayor idealismo en interés de la colectividad, el espíritu de iniciativa de un verdadero civismo, son para la sociedad comunista una base moral indispensable, como lo son para el capitalismo el embrutecimiento, el egoísmo y la corrupción.

Todas las virtudes cívicas del socialismo, al igual que los conocimientos y las capacidades necesarias para la conducción de las empresas socialistas, no pueden adquirirlos la masa obrera más que a través de su propia actividad, su propia experiencia.

La socialización de la sociedad no puede obtenerse más que por la lucha infatigable de las masas en toda su profundidad, en todos los puntos en los que el trabajo y el capital, en los que el pueblo y la dominación de clase de la burguesía se enfrentan.

[...]

el nacimiento de una esperanza

En 1918 Rosa Luxemburgo estaba encarcelada. El 9 de noviembre de ese año se produce una revolución que derroca a la monarquía. Como resultado de esa revolución, Rosa recupera su libertad. A partir de allí, aunque sale muy debilitada por los años de prisión, dedica cuerpo y alma a impulsar la rebeldía y la actividad de los trabajadores alemanes contra las instituciones del Estado burgués. Rosa alienta, principalmente, la fortificación y consolidación de los consejos de obreros y soldados revolucionarios.

Durante esos meses febriles de fines de 1918, la Liga Espartaco actúa dentro del SPDU, corriente de centro del socialismo alemán. El objetivo de permanecer allí dentro era, según la propia Rosa, no perder vínculos con las masas trabajadoras (pues la Liga contaba apenas con unos pocos miles de miembros distribuidos por toda Alemania) y tratar de ganar a las bases.

Pero el SPDU vacilaba en enfrentar a la vertiente más derechista y moderada del socialismo: el SPD (a la que pertenecían Noske, Scheidemann y Ebert, futuros responsables políticos del asesinato de Rosa Luxemburgo), que había asumido el gobierno después del derrocamiento de la monarquía.

Además, la dirección del SPDU se negaba a convocar a un congreso partidario, temiendo que en las discusiones sus socios espartaquistas conquistaran la mayoría dentro del partido.

Ese cúmulo de circunstancias (desde la política general de Alemania tras la caída de la monarquía, la crisis del socialismo reformista y las vacilaciones del centro) condujeron a que la dirección espartaquista decidiera fundar una nueva agrupación revolucionaria autónoma: el Partido Comunista Alemán (PCA).

La decisión de Rosa —quien nunca abandonó la apasionada defensa de los consejos— de fundar una organización revolucionaria autónoma debe tenerse en cuenta al evaluar sus anteriores críticas a Lenin y Trotsky en el folleto sobre la revolución rusa. Evidentemente, ella modificó algunas (no todas) de sus opiniones anteriores sobre los bolcheviques, convergiendo en la práctica, sin abandonar su propia perspectiva, con gran parte de lo que ellos promovían.

Los siguientes pasajes pertenecen al discurso que en su fundación pronunciara Rosa Luxemburgo, principal dirigente del nuevo partido que sería descabezado casi en su nacimiento al ser asesinados sus principales líderes y teóricos a manos de la socialdemocracia. Habitualmente se ha publicado este texto con el siguiente título: "Discurso ante el Congreso de fundación del Partido Comunista Alemán".

¡Camaradas! Hoy tenemos la tarea de discutir y aprobar un programa. Al emprender esta tarea no nos motiva únicamente el hecho de que ayer fundamos un partido nuevo, y que un partido nuevo debe formular un programa. Grandes movimientos históricos fueron las causas determinantes de las deliberaciones de hoy. Ha llegado el momento de fundar todo el programa socialista del proletariado sobre nuevas bases. Nos encontramos ante una situación similar a la de Marx y Engels cuando escribieron su Manifiesto Comunista, hace setenta años.

[...]

Lo que oficialmente se llamaba marxismo se convirtió en una capa para encubrir todo tipo de oportunismo, para rehuir consecuentemente la lucha de clases revolucionaria, para todo tipo de medidas a medias. Así, la socialdemocracia y el movimiento obrero alemanes, así como también el movimiento sindical, fueron condenados a languidecer en el marco de la sociedad capitalista. Ya ningún socialista ni sindicalista alemán hacía el menor intento serio de derrocar las instituciones capitalistas ni de descomponer la maquinaria capitalista.

Pero ahora llegamos a un punto, camaradas, en que podemos decir que nos hemos reencontrado con Marx, que marchamos nuevamente bajo su bandera. Si declaramos hoy que la tarea inmediata del proletariado es convertir el socialismo en una realidad viva y destruir el capitalismo hasta su raíz, al hablar así nos colocamos en el mismo terreno que ocuparon Marx y Engels en 1848; asumimos una posición cuyos principios ellos jamás abandonaron. Por fin queda claro qué es el verdadero marxismo, y qué ha sido el marxismo sustituto. Hablo de ese marxismo sustituto que durante tanto tiempo ha sido el marxismo oficial de la socialdemocracia. Ya véis a qué conduce esta clase de marxismo, el marxismo de los secuaces de Ebert, David y demás. Estos son los representantes oficiales de lo que durante años se ha proclamado como marxismo inmaculado. Pero en realidad el marxismo no podía señalar esta dirección, no podía haber llevado a los marxistas a dedicarse a actividades contrarrevolucionarias codo a codo con tipos como Scheidemann. El verdadero marxismo también vuelve sus armas contra quienes pretenden falsificarlo. Cavando como un topo bajo los cimientos de la sociedad burguesa, ha trabajado tan bien que hoy más de la mitad del proletariado alemán marcha bajo nuestro estandarte, el pendón enhiesto de la revolución. Inclusive en el bando contrario, inclusive allí donde parece imperar la contrarrevolución, tenemos partidarios y futuros camaradas de armas.

[…]

Después de la guerra, ¿qué ha quedado de la burguesía sino un gigantesco montón de basura? Formalmente, desde luego, todos los medios de producción y la mayor parte de los instrumentos de poder, prácticamente todos los instrumentos decisivos de poder, están aún en manos de las clases dominantes. No nos hacemos ilusiones. Pero lo que nuestros gobernantes podrán obtener con el ejercicio de sus poderes, más allá de sus esfuerzos frenéticos por reimplantar su sistema de expoliación mediante la sangre y la masacre, no será más que el caos. Las cosas han llegado a un punto tal que a la humanidad se le plantean hoy dos alternativas: perecer en el caos o encontrar la salvación en el socialismo.

[...]

No debemos pensar que cuando queramos realizar la revolución socialista bastará con derrocar al gobierno capitalista y poner otro en su lugar. Hay un solo camino hacia la victoria de la revolución proletaria.

[...]

Primero y principal, debemos extender en todas direcciones el sistema de consejos obreros.

[...]

Tenemos que tomar el poder, y el problema de la toma del poder se plantea de la siguiente manera: ¿Qué puede hacer, en cada lugar de Alemania, cada consejo de obreros y soldados? Esa es la fuente de poder. Debemos minar el Estado burgués, debemos, en todas partes, poner fin a la separación de poderes públicos, a la división entre los poderes ejecutivo y legislativo. Esos poderes deben unificarse en manos de los consejos de obreros y soldados.

Camaradas, tenemos un campo extenso por cultivar. Debemos construir de abajo hacia arriba, hasta que los consejos de obreros y soldados sean tan fuertes que la caída del gobierno de Ebert-Scheidemann será el último acto del drama. Para nosotros la conquista del poder no será fruto de un solo golpe. Será un acto progresivo porque iremos ocupando progresivamente las instituciones del estado burgués defendiendo con uñas y dientes lo que tomemos.

[...]

Paso a paso, en lucha cuerpo a cuerpo, en cada provincia, en cada ciudad, en cada aldea, en cada comuna, todos los poderes estatales deben pasar, pieza por pieza, de la burguesía a los consejos de obreros y soldados.

[...]

Debemos hacer comprender a las masas que el consejo de obreros y soldados debe ser el eje de la maquinaria estatal, que debe concentrar todo el poder en su seno y que debe utilizar dichos poderes para el único inmenso propósito de realizar la revolución socialista.

[…]

Las masas deben aprender a ejercer el poder, ejerciendo el poder.

[…]

Hoy, los obreros aprenderán en la escuela de la acción.

Nuestro evangelio dice: en el principio era el hecho. La acción significa para nosotros que los consejos de obreros y soldados deben comprender su misión y aprender a convertirse en las únicas autoridades públicas en toda la extensión del reino.

[…]

Pero nosotros debemos trabajar desde abajo. Allí se revela el carácter masivo de nuestra revolución, que busca transformar la estructura de la sociedad. Es una característica de la revolución proletaria moderna que no debamos conquistar el poder político desde arriba sino desde abajo.

[…]

Lo que nos incumbe ahora es concentrar deliberadamente todas las fuerzas del proletariado para atacar las bases mismas de la sociedad capitalista. Allí, en la base, donde el patrón enfrenta a sus esclavos asalariados; allí, en la raíz, donde los órganos ejecutivos de la propiedad enfrentan a los objetos de su gobierno, a las masas; allí, paso a paso, debemos arrancar el poder de las clases dominantes, tomarlo en nuestras manos.

[…]

¿Quién de nosotros se preocupa por el tiempo, mientras alcance la vida para lograr el objetivo? Bástenos tener claridad acerca del trabajo que nos aguarda; he tratado de bosquejar lo mejor posible, en rasgos generales, el trabajo que tenemos por delante.

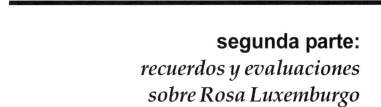

segunda parte:
*recuerdos y evaluaciones
sobre Rosa Luxemburgo*

Vladimir Ilich Lenin sobre Rosa Luxemburgo

"Rosa, un águila por encima de todas las gallinas"

El siguiente es un extracto de "Notas de un periodista" redactado por Lenin a fines de febrero de 1922, dos años antes de morir. Se publicó por primera vez en Pravda No. 86, 16 de abril de 1924.

Paul Levi quiere hacer buenas migas con la burguesía —y en consecuencia [subrayado de Lenin. N.K.] con sus agentes, las Internacionales Segunda y Dos y Medio— publicando los escritos de Rosa Luxemburgo en los que ella se equivocó. A esto responderemos con una frase de una vieja fábula rusa: "Suele suceder que las águilas vuelen más bajo que las gallinas, pero una gallina jamás puede remontar vuelo como un águila". Rosa Luxemburgo se equivocó respecto de la independencia de Polonia; se equivocó en 1903 en su análisis del menchevismo; se equivocó en la teoría de la acumulación de capital; se equivocó en junio de 1914 cuando, junto con Plejanov, Vandervelde, Kautsky y otros abogó por la unidad de bolcheviques y mencheviques; se equivocó en lo que escribió en prisión en 1918 (corrigió la mayoría de estos errores a fines de 1918 y comienzos de 1919 cuando salió en libertad). Pero, a pesar de sus errores fue —y para nosotros sigue siendo— un águila. Y no sólo los comunistas de todo el mundo venerarán su memoria, sino que su biografía y sus obras completas [subrayado de Lenin. N.K.] (cuya publicación los comunistas alemanes están demorando excesivamente, con la única excusa parcial de las tremendas pérdidas que están sufriendo) serán manuales útiles para la educación de muchas generaciones de comunistas de todo el mundo. "Desde el 4 de agosto de 1914 la socialdemocracia alemana es un cadáver putrefacto": esa frase hará famoso el nombre de Rosa Luxemburgo en la historia del movimiento obrero. Y desde luego, en el patio de atrás del movimiento obrero, entre los montones de estiércol, las gallinas tipo Paul Levi, Scheidemann y Kautsky cacarean en torno a los errores de la gran comunista. Cada uno hace lo que puede.

León Trotsky sobre Rosa Luxemburgo

Rosa y Lenin, matices diversos sobre un sueño compartido

El siguiente pasaje constituye un pequeño fragmentos del artículo "Fuera las manos de Rosa Luxemburgo", redactado por Trotsky en defensa de Rosa Luxemburgo en la isla de los Príncipes, Turquía, el 28 de junio de 1932.

La teoría de Rosa de la espontaneidad era una sana herramienta contra el aparato osificiado del reformismo. Pero el hecho de que se la dirigiera a menudo contra la obra de Lenin de construcción de un aparato revolucionario revelaba —en realidad solamente en embrión— sus aspectos reaccionarios. En Rosa misma esto ocurrió sólo episódicamente. Era demasiado realista, en el sentido revolucionario, como para desarrollar los elementos de la teoría de la espontaneidad en una metafísica consumada. En la práctica, como ya se ha dicho, ella misma minó esta teoría desde la base. Después de la revolución de noviembre de 1918, comenzó ardientemente a reunir a la vanguardia proletaria. A pesar de su manuscrito sobre la Revolución Soviética, muy débil teóricamente, escrito en prisión y que ella nunca publicó, el accionar posterior de Rosa permite concluir con seguridad que, día a día, se acercaba a la nítida concepción teórica de Lenin sobre la dirección consciente y la espontaneidad.

György Lukács sobre Rosa Luxemburgo

**El ejemplo vital de Rosa contra el capitalismo
y el oportunismo**

El siguiente fragmento es el final del ensayo de György Lukács "Rosa Luxemburgo como marxista", incorporado a su clásico Historia y conciencia de clase *(1923) [México, Grijalbo, 1969], uno de los mejores libros marxistas de toda la historia.*

Característico de la unidad de la teoría y la práctica en la obra de Rosa Luxemburgo es el hecho de que esa unidad de victoria y derrota, de destino individual y proceso total, constituya el hilo conductor de su teoría y su conducta. En su primera polémica con Bernstein [*Reforma o revolución*. N.K.] ha presentado ya como inevitable la conquista necesariamente "prematura" del poder del estado por parte del proletariado, y ha desenmascarado luego el resultante y tembloroso escepticismo oportunista respecto de la revolución "como contrasentido político que parte de la idea de una evolución mecánica de la sociedad y presupone para la victoria en la lucha de clases un momento determinado externo a, e independiente de, la lucha de clases misma". Esa certeza sin ilusiones mueve a Rosa Luxemburgo en sus luchas por la liberación del proletariado, por su liberación económica y política de la servidumbre material del capitalismo y por su liberación ideológica de la servidumbre intelectual del oportunismo. Como gran dirigente intelectual del proletariado, su lucha principal se orientó contra este último enemigo, que es el más peligroso, por más difícil de superar. Su muerte a manos de sus enemigos más reales y sanguinarios, los Scheidemann y los Noske, es, por lo tanto, la coronación consecuente de su pensamiento y de su vida. El que se quedara con las masas y compartiera su destino cuando la derrota del levantamiento de enero —claramente prevista por ella misma hace años en el plano teórico, y también claramente en el momento mismo de la acción—, es tan directa consecuencia de la unidad de la teoría y de la practica en su conducta como el merecido odio mortal de sus asesinos, los oportunistas socialdemócratas.

Michael Löwy sobre Rosa Luxemburgo

El marxismo de Rosa, una historia abierta

El siguiente es un pequeño fragmento del artículo de Michael Löwy titulado "La significación metodológica de la consigna 'Socialismo o barbarie'". Fue publicado originariamente en Problemas del socialismo *No.1, Año XIII, París, 1971. Está incorporado a su obra* Dialéctica y revolución *[París, Anthropos, 1973. México, Siglo XXI, 1975].*

Parece ser, por lo tanto, que en último análisis, fue la propia Rosa Luxemburgo quien (inspirándose en Engels) estableció explícitamente por primera vez, el socialismo no como el producto "inevitable" de la necesidad histórica, sino como una posibilidad histórica objetiva. En este sentido, la consigna "socialismo o barbarie" significa que, en la historia, la suerte no está echada. La "victoria final" o la derrota del proletariado no están decididas de antemano por las "leyes de bronce" del determinismo económico, sino que dependen también de la acción consciente, de la voluntad revolucionaria de ese proletariado.

[...]

En nuestra opinión, el elemento metodológicamente esencial en la consigna del folleto de Junius no es la barbarie como única alternativa del socialismo, sino el principio mismo de una alternativa histórica, el principio mismo de una historia "abierta", en la cual el socialismo es una posibilidad entre otras.

Raya Dunayevskaya sobre Rosa Luxemburgo

Rosa y la emancipación femenina

El siguiente fragmento constituye un pequeño pasaje de la pensadora feminista marxista Raya Dunayevskaya. Pertenece al libro Rosa Luxemburgo, La liberación femenina y la filosofía marxista de la Revolución, *publicado en Estados Unidos en 1981 [México, Fondo de Cultura Económica, 1985].*

Rosa Luxemburgo correctamente se negó a dejarse estereotipar por la socialdemocracia alemana en la entonces llamada cuestión femenina, como si aquel fuera el único lugar que "le correspondía", aunque ella fuese teórica y directora de un periódico polaco, además de activista, cuando llegó a Alemania. Por desgracia, demasiados miembros del actual Movimiento de Liberación Femenina revelan que su actitud es la otra cara de la moneda, desdeñando a esta gran revolucionaria porque, supuestamente, "casi no tenía nada que decir" sobre las mujeres.

Otra manera de menospreciar la "cuestión femenina" es actuar como si la amistad de Rosa Luxemburgo con Clara Zetkin —que es reconocida por todos como fundadora de la liberación femenina como movimiento obrero de masas, además de teórica y directora del periódico femenino de mayor circulación entre las masas hasta el día de hoy— hubiera sido una "carga" para Rosa Luxemburgo. Sea como fuere, no fue la cuestión femenina sino la lucha contra el reformismo la que unió a Rosa Luxemburgo y a Clara Zetkin; sin embargo, esto no significa que Rosa Luxemburgo dejase a Zetkin la liberación de la mujer, ni que Zetkin simplemente "siguiera" a Rosa Luxemburgo.

[…]

Rosa Luxemburgo siguió siendo una activista del feminismo socialista. Así, pocos meses antes de estallar la primera Guerra Mundial aún estaba escribiendo sobre la necesidad del sufragio femenino.

José Carlos Mariátegui sobre Rosa Luxemburgo

Rosa, cerebro y brazo del proletariado

El fragmento siguiente forma parte de las conferencias que J.C. Mariátegui, el principal marxista de América Latina durante la primera mitad del siglo XX, dictó en su Perú natal al regresar de Europa. Su conferencia llevaba por título "La Revolución alemana". Fue pronunciada el viernes 20 de julio de 1923 en el local de la Federación de Estudiantes. Fue recopilada en Historia de la crisis mundial *[José Carlos Mariátegui: Obras. La Habana, Casa de las Américas. 1982. Tomo I].*

Liebknecht y Rosa Luxemburgo cayeron en manos de oficiales del antiguo régimen, enemigos fanáticos de la revolución, reaccionarios delirantes, que odiaban a todos los autores de la caída del Kaiser por conceptuarlos responsables de la capitulación de Alemana. Y esta gente no quiso que los dos grandes revolucionarios ingresasen vivos en una prisión.

[...]

Rosa Luxemburgo, figura internacional y figura intelectual y dinámica, tenía también una posición eminente en el socialismo alemán. Se veía, y se respetaba en ella, su doble capacidad para la acción y para el pensamiento, para la realización y para la teoría. Al mismo tiempo era Rosa Luxemburgo un cerebro y un brazo del proletariado alemán.

MARX, ENGELS Y LA CONDICIÓN HUMANA

Una visión desde Latinoamérica

Por Armando Hart

Los materiales que integran la presente recopilación, constituyen una muestra de la recepción y actualización que hizo el autor de las ideas de Marx y Engels a partir de la tradición revolucionaria cubana, tras los difíciles momentos del derrumbe del campo socialista en Europa Oriental y la Unión Soviética, hasta la actualidad.

240 páginas, ISBN 1-920888-20-9

MANIFIESTO

Tres textos clásicos para cambiar el mundo

Ernesto Che Guevara, Rosa Luxemburgo, Carlos Marx y Federico Engels

"Si es curioso y sensible a la vida que existe a su alrededor, si le preocupa por qué, cómo y por quiénes se tiene y se utiliza el poder político, si siente que tienen que haber buenas razones intelectuales para su intranquilidad, si su curiosidad y sensibilidad lo llevan a un deseo de actuar con otros, para 'hacer algo', ya tiene mucho en común con los autores de los tres ensayos que contiene este libro." —Adrienne Rich, Prefacio a *Manifiesto*

170 páginas, ISBN 1-920888-13-6

AMÉRICA LATINA ENTRE SIGLOS

Dominación, crisis, lucha social y alternativa política de izquierda

Por Roberto Regalado

América Latina entre siglos sintetiza las vivencias y reflexiones acumuladas por un testigo privilegiado, activo participante durante más de 30 años en los debates de la izquierda latinoamericana y caribeña. Cuatro procesos —concluye el autor— caracterizan la situación latinoamericana en el tránsito entre los siglos XX y XXI: la sujeción a un esquema de dominación foránea, cualitativamente superior al de posguerra; el agravamiento de la crisis capitalista; el auge de las luchas populares; y las redefiniciones estratégicas y tácticas de los partidos y movimientos políticos de izquierda.

272 páginas, ISBN 1-920888-35-7

NOTAS DE VIAJE
Diario en motocicleta
Por Ernesto Che Guevara
Prólogo por Aleida Guevara

Vívido y entretenido diario de viaje del Joven Che. Esta nueva edición incluye fotografías inéditas tomadas por Ernesto a los 23 años, durante su travesía por el continente, y está presentada con un tierno prólogo de Aleida Guevara, quien ofrece una perpectiva distinta de su padre, el hombre y el icono de millones de personas.

168 páginas, ISBN 1-920888-12-8

PASAJES DE LA GUERRA REVOLUCIONARIA
Edición autorizada
Por Ernesto Che Guevara
Prefacio por Aleida Guevara

Un escrito clásico que recuenta la guerra popular que transformó a un pueblo entero, y transformó al mismo Che—desde médico de las tropas a revolucionario reconocido a través del mundo. Con un prefacio por Aleida Guevara, hija de Che Guevara, y una nueva edición que incluye las correcciónes propias del autor.

300 páginas, ISBN 1-920888-36-5

EL DIARIO DEL CHE EN BOLIVIA
Edición autorizada
Por Ernesto Che Guevara
Prólogo por Camilo Guevara, Introducción por Fidel Castro

El último de los diarios del Che, encontrado en su mochila en octubre de 1967, se convirtió de forma instantánea en uno de sus libros más célebre. La edición que se le entrega al lector ha sido revisada e incluye un prefacio de su hijo, Camilo Guevara, así como algunas fotos inéditas de la contienda.

300 páginas, ISBN 1-920888-30-6

HAYDÉE HABLA DEL MONCADA

Por Haydée Santamaría

Prólogo por Celía Maria Hart Santamaría

Testimonio conmovedor de una de las principales protagonistas de la Revolución cubana, Haydée Santamaría. Forman parte de este libro dos textos únicos: la carta que Haydée enviara a sus padres a los pocos días de ingresar a prisión, inédita hasta ahora, y un prólogo escrito por su hija, Celia María Hart Santamaría.

77 páginas, ISBN 1-876175-92-3

TANIA LA GUERRILLERA

y la epopeya suramericana del Che

Por Ulises Estrada

Tania, la fascinante mujer que luchó y murió por sus ideales junto al Che Guevara en Bolivia, deviene en paradigma de rebeldía y combate por la justicia social. Su compañero en Cuba, Ulises Estrada es testigo excepcional para ofrecernos una apasionada biografía de la mujer que dedicó su vida en los años 1960 a la liberación de América Latina.

350 páginas, ISBN 1-920888-21-7

FIDEL EN LA MEMORIA DEL JOVEN QUE ES

Por Fidel Castro

Este libro recoge, por primera vez en un solo volumen, los excepcionales testimonios que en contadas ocasiones el propio Fidel ha dado sobre su niñez y juventud.

183 páginas, ISBN 1-920888-19-5

CHE EN LA MEMORIA DE FIDEL CASTRO

Por Fidel Castro

Por primera vez Fidel Castro habla con sinceridad y afecto de su relación con Ernesto Che Guevara, Castro presenta una imagen viva del Che, el hombre, el revolucionario, el pensador y describe en detalle los últimos días con Che en Cuba.

206 páginas, ISBN 1-875284-83-4

libros de ocean press

antonio gramsci

editado por Néstor Kohan

¿Quién es Gramsci? Antonio Gramsci [1891-1937] es un revolucionario italiano cuyo pensamiento se ha tornado célebre a nivel mundial. Constituye uno de esos "imprescindibles" de los que hablaba Bertolt Brecht.

Los escritos de Antonio Gramsci son leídos, consultados, estudiados e interpelados con pasión por miles y miles de jóvenes en todos los continentes del mundo y en todos los idiomas. Las nuevas generaciones que actualmente se manifiestan por "otro mundo posible" y contra la mundialización capitalista, sus guerras imperiales y su dominación cultural, tienen en Gramsci a un compañero y a un guía inspirador

ISBN 1-920888-59-4

oceanpress
e-mail info@oceanbooks.com.au
www.oceanbooks.com.au